MW00882542

Tratados de Sukká & Rosh Hashaná

La Sabiduría Rabínica a la Luz de las Enseñanzas
de Yeshúa Hamashiaj

LAURO EDUARDO AYALA SERRANO

**EDITORIAL
AMI**

Publicado por:
EDITORIAL AMI, S.A. DE C.V.
Darwin No. 68, piso 15
Colonia Anzures
México DF MEXICO
editorialami@yahoo.com.mx

Diseño de portada:
Nelson Abraham Cerda Perez
Managua, Nicaragua
nacpx@yahoo.com

Primera Edición: Enero 2012
1,000 ejemplares.

Derechos Reservados por las leyes internacionales del derecho de autor. Registro público No: **05-2013-021311392200-01**

ISBN: **ISBN: 978-1489522986**
Impreso en México

Citas del Antiguo Testamento, tomadas de Reina Valera, versión 1960.
Citas del Nuevo Testamento, tomadas del Código Real, Nuevo Testamento Versión Hebraica de Dan Ben Avraham Hayyim.

Autor:
Lauro Eduardo Ayala Serrano
Cocoteros 223, Colonia Nueva Santa María
C.P. 02800 México DF
(55) 55565190
anauako@hotmail.com

A la memoria de mi hermano,
Luis Mauricio Ramos Serrano

GLOSARIO

Académico. El texto talmúdico emplea este término para designar únicamente a los estudiantes del Talmud.

Av. Mes lunar hebreo que dependiendo del ciclo de la luna equivale a julio o agosto.

Adar. Mes lunar hebreo que dependiendo del ciclo de la luna equivale a febrero o marzo.

Aggadá o Hagadá. Se traduce como narración.

Amora. Maestro del Talmud. Sinónimo de **Tana**. Se trataba de las personas que repetían las enseñanzas de los maestros talmudistas, pero que después se convierten en los cristalizadores de estas enseñanzas en lo que se conoce como Literatura Amoráica, que florece en los siglos III al VI AD.

Bar. Significa hijo. Sinónimo de Ben.

Ben. Significa hijo. Sinónimo de **Bar**.

Beith Din. Cortes de Justicia. Se trataba de tribunales que juzgaban en materia judicial.

Beith HaMikdash. Literalmente Casa Sagrada. Así le llamaba al Templo de Jerusalén.

Boetusianos. Se trata de una familia sacerdotal descendientes de Boetus de Alejandría: su hijo Shimeón ben Boetus es hecho sumo sacerdote por Herodes el Grande.

Boraitha. También se escribe Boraita.

Cúmulo de tradiciones tanaíticas que no están contenidas en la **Mishná**, sino que provienen de otras fuentes.

 Caraites. Grupo de estudiosos de las Escrituras que dependían únicamente de su interpretación literal.

Codo. El codo bíblico es equivalente al **Ell** rabínico. Corresponde a 45 cms.

Casa de Estudio. También conocida como **Yeshivá**, es el lugar donde se enseña judaísmo.

 Ell. Medida de distancia rabínica equivalente al largo del brazo de un hombre. También conocida como **Codo**. Corresponde a 45 cms.

Elul. Mes lunar hebreo que dependiendo del ciclo de la luna equivale a agosto o septiembre.

Exilarca. Se le llamaba así al sucesor de la línea genealógica davídica. Durante la 2da Guerra Mundial había personas que reclamaban ser descendientes sanguíneos de David en Europa.

 Gehena o Gucihinóm, que se traduce del hebreo como Infierno. En realidad era el basurero de Jerusalén, que se encontraba a las afueras de la ciudad, pero que se utilizaba como metáfora del juicio del Señor, porque era costumbre quemar la basura.

Guemará. Comentarios a la **Mishná**, realizados por el Amora.

Gueoním. Comentaristas del Talmud de los siglos VII al XI AD.

Gomer. Medida de volumen equivalente a 3.7 litros.

Habdalá. También se escribe Havdalah. Ceremonia que marca el fin del **Shabbath** y recibe la nueva semana. Dentro de la ceremonia se bendice el vino con una oración conocida como **Kiddush**.

Halajá o Halakhá. Se refiere al cúmulo de tradiciones orales que reinterpretaban la Toráh.

Hallel. Se trata de los Salmos 113 a 118 que son cantados durante la Pascua. Algunos opinan que comienzan desde el Salmo 112.

Helenos. Se dice de los Griegos, que tuvieron control sobre Israel del 323 AC al 330 AC.

Hin. Medida de volumen equivalente a 6.2 litros.

J

Jajám. Sabio.

Jamnia o Yavnia, es el lugar donde se reunieron los rabinos en el año 70 AD para cerrar el canon del Antiguo Testamento.

Jolobbus. Equivalente a .28 gramos de plata.

Jometz. Aunque la traducción literal es levadura, en realidad hace referencia a cualquier clase de harina que contenga levadura.

Jubileo. Bíblicamente, es el período de 49 años, al término de los cuales se condonaban las deudas y se realizaban otros actos de misericordia.

K

Kabh. Medida de área equivalente a

600 metros cuadrados.

Karath o Kareth, se trata de una amonestación moral, donde se deja a Dios el juicio sobre la persona. La maldición actuará sobre el individuo reduciendo su tiempo de vida sobre la tierra.

Kehilá. Se traduce como Congregación.

Kelayim. De acuerdo a Levítico 19:19, mezcla ilegal, fuera de semillas, de tipos de hilo, de animales, etc.

Ketubah. Acta matrimonial judía.

Kiddush. Oración que se dice sobre el vino durante el **Shabbath**.

Kur. Medida de área equivalente a 17 mil metros cuadrados.

L

Lulab. Nombre dado a la rama de la palma que contiene su fruto. Se le agita durante la fiesta de Sukkót o fiesta de los Tabernáculos.

M

Meah. Medida de peso equivalente a .57 gramos de

plata.

Menoráh. Lámpara de siete brazos que se encontraba dentro del Templo.

Midrash. Hace referencia al término hebreo que designa un método de exégesis de un texto bíblico. También puede referirse a una compilación de comentarios legales, exegéticos u homiléticos de la Biblia.

Miqvé. Lugar donde se practica el baño ritual.

Mishná. Cúmulo de instrucciones orales cristalizadas a principios de la era cristiana que tienen como propósito enseñar las tradiciones interpretativas orales de la Ley judía.

Nissán. Primer mes del calendario lunar hebreo, que comienza su cuenta a partir de la salida del pueblo de Israel de Egipto. Equivale a marzo o abril.

Omer. Gavilla de cebada que se presentaba como ofrenda en el segundo día de Pascua.

Palestina. Término que comprende a la región de Israel. El nombre le fue dado en el año 70 AD por los romanos para desvincular a Israel de su territorio.

Parsah. En plural de Parsaóth. Medida de distancia equivalente a 4 kilómetros.

Pesaj. Es la fiesta de la Pascua, donde se celebra la salida de Israel de Egipto.

Rabbi. Es la abreviación de rabino, título equivalente a maestro.

Rosh Hashaná. Año Nuevo judío, que se celebra entre septiembre y octubre.

Saah o Seah. Medida de volumen equivalente a 15 litros.

Sague o Sage. Son los continuadores de la tradición de los sacerdotes bíblicos después de que el Templo de Herodes fue destruido en el año 70 AD.

Seol. Sinónimo de **Gehena**. Sinónimo del Infierno.

Sela. Medida de peso equivalente a 22.R6R gramos de plata.

Shabbath. Día de descanso, que comienza el sexto día de la semana en la tarde y termina el séptimo día de la semana en la tarde.

Shavuót. Se conoce como fiesta de las Semanas, donde se dedicaban las primicias de la cosecha. En griego se le tradujo como Pentecostés.

Shebat. Mes lunar hebreo que dependiendo del ciclo de la luna equivale a enero o febrero.

Shekel. Medida de peso equivalente a 11 gramos de plata.

Shekalim. Literalmente se traduce como "pesos," aunque en el caso del Tratado de Shekalim, se refiere a la recolección del medio shekel anual que se utilizaba para la reparación del Templo.

Shejiná o Shekhiná. El término hace referencia a la epifanía divina, es decir, a una manifestación física de YHVH.

Shema. Oración que cita el texto bíblico de Deuteronomio 6:4-5, a saber: Oye, Israel: YHVH nuestro Señor, YHVH uno es. Y amarás a YHVH tu Señor de todo tu corazón, y con toda tu alma, y con todas tus fuerzas.

Span. Medida equivalente al ancho de una mano extendida.

Suf. Mar Suf es el lugar donde se separaron las aguas para que atravesaran en seco los israelitas.

Sukká. Se dice de los tabernáculos en los que habitó el pueblo de Israel en el desierto.

Sukkót. Conocida como fiesta de los Tabernáculos, conmemora el tiempo que el pueblo de Israel vivió en el desierto antes de entrar a la Tierra Prometida.

T

Tana. Maestro del Talmud. Sinónimo de Amora.

Tebeth. Mes lunar hebreo que dependiendo del ciclo de la luna equivale a diciembre o enero.

Tefilín. Se les conoce como Filacterias, son dos cubos cuadrangulares que contienen cada uno un pedazo de piel escrito con citas de la Toráh. Se utilizan con fines rituales.

Tishrei. Mes lunar judío que dependiendo del ciclo de la luna equivale a septiembre u octubre.

Toráh. En su sentido más estricto, está conformada por los libros del Génesis, Éxodo, Levítico, Números y Deuteronomio. Aunque normalmente se utiliza para designar todo el canon bíblico del Antiguo Testamento.

Tosafistas. Comentaristas del Talmud posteriores al siglo XII AD.

Yeshivá. Casa de Estudio donde se enseña judaísmo.

Yom Kippur. Día del Arrepentimiento. Es una festividad anual donde se pide perdón por los pecados de todo el pueblo. En la actualidad se transfieren los pecados a una gallina.

Zuz. Moneda antigua hebrea de plata. 4 zuz equivalían a un **Shekel** de plata.

INTRODUCCIÓN

veces olvidamos que el Salvador el Ungido nació dentro de la comunidad judía que floreció en el histórico estado de Israel a principios de nuestra era. Su vida, su ministerio y su resurrección ocurrieron dentro de un contexto específico que a veces llegamos a percibir cuando leemos el Nuevo Testamento.

El rabino entabló discusiones acaloradas con diferentes representantes de escuelas de pensamiento hebreas, llámense fariseos, saduceos, herodianos, sicarios o esenios entre otros.

A algunos de ellos los convenció de la doctrina que predicaba; otros se convirtieron en feroces oponentes de su teología; unos más se mantuvieron al margen guardándose sus propias opiniones.

Que encontrara resistencia a su mensaje, indica que no estaba hablando con un pueblo pasivo al que se le pudiera imponer una ideología fácilmente, sino que se enfrentaba a individuos con alto grado de conocimiento acerca de las Sagradas Escrituras.

Estos pensadores plasmaron su sabiduría en lo que conocemos hoy como el Talmud, una obra que contiene reflexiones con tan gran similitud a los textos del Nuevo Testamento, que pareciera que los rabinos talmúdicos intercambiaron opiniones con el Moré, con el Maestro.

De igual forma, encontramos las interpretaciones rabínicas a la Toráh, realizadas por maestros que heredaron su sabiduría de un pueblo que durante siglos examinó la exégesis del Antiguo Testamento, y que por consiguiente, redactaron elucidaciones que exceden en mucho aún a las explicaciones de grandes teólogos modernos.

De esta manera, el texto que presento contiene primeramente esa sabiduría rabínica: A veces como una antítesis a las posturas de Yeshúa HaMashíaj, pero que también nos guiará a cotejar la tesis neotestamentaria para que en su síntesis reafirme nuestro conocimiento y nuestra fe en el Camino de la Resurrección.

Para esclarecer lo anterior, recuerdo una anécdota que me sucedió cuando estudiaba la Maestría en Religión en la Universidad Hebrea de Jerusalén.

Tomaba clase con el doctor David Levine, un catedrático prestigiado que a menudo levantaba grandes polémicas por sus audaces comentarios.

Un día analizamos un texto talmúdico que hacía referencia a los discípulos de Yeshúa HaMashíaj.

En su postura académica, el doctor nos enseñaba cómo las diferentes escuelas del judaísmo se encontraban en forma de discusiones rabínicas dentro del Talmud.

A mí me pareció fascinante descubrir que los discípulos del Mashíaj habían plasmado las ideas del Rabino en otros textos que no fueran los contenidos en el Nuevo Testamento.

En la tarde que llegué a casa, estaban allí unos amigos judíos españoles que estudiaban en una *Yeshivá*, es decir, en un Centro de Estudios de la Toráh.

Cuando les comenté lo sorprendido que estaba por lo que había aprendido ese día, llegaron incluso a molestarse porque en la *Yeshivá* su rabino les había enseñado una explicación totalmente judía de la misma historia.

Entonces me percaté de la grandiosidad del texto talmúdico: era tan universal que podía adecuarse perfectamente a las enseñanzas judías ortodoxas de una *Yeshivá* o al contexto académico de la universidad, o más aún, era capaz de proveer un mayor entendimiento a un seguidor del Camino de la Resurrección.

Es por ello que esta colección contribuye no solamente a recopilar las mejores historias de los Tratados Talmúdicos de Sukká y de Rosh HaShaná, sino a realizar un análisis profundo de los textos talmúdicos, convirtiéndolos en una palabra viva que nos ayudará a comprender el complejo pensamiento de nuestro Mashíaj.

El Tratado de Sukká, que de ahora en adelante abreviaré como TS, hace referencia al Sukkót o Fiesta de los Tabernáculos, centrando muchas de sus reflexiones para hacernos recapacitar sobre nuestros caminos y exhortándonos a que siempre optemos por la misericordia y la verdad.

Por otra parte, el Tratado de Rosh HaShaná, que a partir de ahora abreviaré como TR se enfoca principalmente a la relación que existe entre el Juicio del Eterno y el Año Nuevo. En tiempos de Yeshúa HaMashíaj se celebraban cuatro Años Nuevos diferentes dentro de un Año gregoriano:

El Año Nuevo o Rosh HaShaná, que era principalmente el comienzo del año fiscal.

El Año Nuevo de los Árboles o Tuv BiShbat, que básicamente se trataba de una propiciación agrícola.

El Año en que los reyes subían al trono, y que luego se lo vinculó a la Fiesta de Lag Baomer.

Finalmente, el Año en que el pueblo de Israel salió de Egipto, celebración que se ligó a la Fiesta de Sukkót, o Fiesta de los Tabernáculos.

En tomos anteriores, se ha mencionado que el Talmud es la compilación de una serie de interpretaciones y comentarios al Antiguo Testamento que comenzó como una tradición oral farisáica a principios de nuestra era.

A los comentaristas se les conoció como *Tanaím* (תנאים), Sabios, que solían transmitir sus acotaciones de manera oral. Por eso, la cristalización en textos comenzó hasta los siglos III ó IV de nuestra era, por la primera generación de *Amoraim* (אמורים), es decir, por discípulos de los *Tanaím*, los cuales a su vez, añadieron sus propios comentarios.

Esta tradición que comentaba las enseñanzas de los maestros se extendió hasta entrado el siglo VI de nuestra era, cuando finalmente quedó compilado el Talmud que conocemos.

De modo que cuando lo leemos, la primera impresión que tenemos es la de rabinos en tiempo y forma discutiendo sus puntos de vista sentados todos alrededor de una mesa. Esto no es así: Sus comentarios se fueron escribiendo en un proceso de más de seiscientos años.

Para darnos una idea diacrónica, los primeros *Tanaím* son los representantes de las dos grandes escuelas talmúdicas: Hillel (70 aC – 10 dC) y Shammai (50 aC – 30dC).

La primera generación de disertadores de las interpretaciones y enseñanzas que realizaron Hillel y Shammai aparece en el siglo III de nuestra era, proveniente de tres grandes Academias, dos de ellas en Babilonia, en las ciudades de Pumbaditha y de Sura, y una Academia más en Israel, en la ciudad de Lod.

Las generaciones de comentaristas se extienden hasta el siglo VI AD con Rabina II (f. 500 dC), de la Academia de Sura, conformando siete generaciones de exegetas que aparecen la redacción completa del Talmud Babilónico.

A continuación presento estas interpretaciones, comentadas y discutidas por rabinos que muchas veces están separados temporalmente unos de los otros por varios siglos.

Con el único propósito de nutrir nuestra fe en el Camino de la Fe, mis comentarios a sus textos son también una forma de unirme a esa discusión milenaria, y tal vez entender que Adonai es Eterno y que las revelaciones al texto bíblico pasan de generación en generación.

En mis comentarios de las historias talmúdicas, me he dado a la tarea de mencionar distintos Nombres o Atributos del Eterno, los cuales he retomado de mi libro Los Nombres de Dios (Ayala, 2007).

Como lo he hecho en volúmenes anteriores, aludo al Código Real del doctor Dan Ben Avraham en todas las citas del Nuevo Testamento, con el propósito de enriquecer esta obra con la traducción que ha realizado de una manera tan brillante.

Se omitirá de ahora en adelante llamar "Dios" a la

deidad hebrea. De ahora en adelante se le llamará como está escrito en la Biblia hebrea: YHVH.

A la persona que quiera respetar las tradiciones judías y considere más apropiado no pronunciar el Nombre Sagrado por reverencia o respeto, que simplemente sustituya YHVH por Adonai o Hashem al realizar su lectura.

Como se trata de textos judíos que iluminan nuestra fe, he optado por respetar el nombre hebreo de Jesucristo, el cual se pronuncia como Yeshúa HaMashíaj (יֵשׁוּעַ הַמָּשִׁיחַ), porque nuestro Salvador era hebreo.

Como en los textos se utilizan palabras de común al judaísmo rabínico, pero desconocidas muchas de ellas para quien desconoce raíces hebreas, se ha realizado un glosario de términos rabínicos, mismo que se encuentra al principio de este manuscrito.

La forma en como presento el texto es sencilla: he dividido las historias recopiladas del Talmud en 3 secciones principales:

Capítulo I: Aquellas que están relacionadas directa o indirectamente con citas bíblicas del Antiguo Testamento;

Capítulo II: Aquellas que están relacionadas con citas bíblicas del Nuevo Testamentos;

Capítulo III: Aquellas que no tienen relación con ninguna de las anteriores, sino que se trata de historias rabínicas que tratan de temas judíos plenamente.

Expreso un profundo agradecimiento, en primer lugar, a mi esposa, Hadasah Ortega Reyes, quien me ha brindado una ayuda excepcional.

Al diseñador gráfico, Nelson Abraham Cerda Perez, que ha realizado con una creatividad sin par las portadas de los últimos libros por medio de internet desde Managua, Nicaragua.

Agradezco a la maestra María de los Ángeles Fernández Pérez, a la ingeniera Magdalena Serrano Deitz, y a la licenciada Eréndira Domínguez Benhumea por ayudarme en la corrección de estilo y darme invaluables ideas para que este texto sea más sencillo en su lectura.

Al pastor Javier Hermoso Barradas por el arduo trabajo de difusión.

Al doctor Melchor Rodríguez Caballero, quien hizo posible la publicación de este material.

A Yeshúa HaMashíaj como siempre sea toda la gloria, el honor y el poder por los siglos de los siglos. Amén.

Lauro E Ayala S
Enero del 2013

I

INTERPRETACIONES TALMÚDICAS DEL ANTIGUO TESTAMENTO

GÉNESIS

Y dijo Adonai: Produzca la tierra hierba verde, hierba que dé semilla; árbol de fruto. (Génesis 1:11)

Hemos aprendido que rabbi Eliezer dijo: "En *Tishrei* el mundo fue creado y los patriarcas Abraham y Jacob nacieron y murieron."

"Isaac nació durante la Pascua."

"En *Rosh HaShaná*, en el día de Año Nuevo, Sarah, Raquel y Ana fueron visitadas para ser bendecidas con un hijo cada una, José fue libertado de la prisión y el maltrato de nuestros padres en Egipto cesó."

"En *Nissán* nuestros ancestros fueron redimidos de Egipto y en *Tishrei* seremos redimidos nuevamente."

Rabbi Yehoshúa dice: "En *Nissán* el mundo fue creado, y en el mismo mes nacieron los patriarcas, y también en ese mes murieron."

"Isaac nació durante la Pascua."

Hemos aprendido en una Boraitha que rabbi Eliezer decía: "¿Cómo sabemos que el mundo fue creado en *Tishrei*? Del citado versículo de Génesis: —Produzca la tierra hierba verde—."

"¿En qué mes la tierra produjo la hierba y al mismo tiempo produjo árboles llenos de fruto?"

"Digamos que en *Tishrei*, y ese tiempo del año mencionado en Génesis era el Otoño, cuando llovía y las plantas daban su fruto, como Génesis 2:6 dice:

Sino que subía de la tierra un vapor, que regaba toda la faz de la tierra.

Dice rabbi Yehoshúa: "¿Cómo sabemos que el mundo fue

creado en *Nissán*? Por el versículo de Génesis 1:12 que dice:

Y produjo la tierra hierba verde, hierba que da semilla según su naturaleza, y árbol que da fruto.

"¿En qué mes se cubre la tierra de hierba y al mismo tiempo los árboles dan fruto? Digamos que en Nissán."

"En ese mismo mes de *Nissán* los animales, domésticos y salvajes, y también las aves buscan pareja, como el Salmo 65:13 dice:

Los prados se visten de rebaños.

Luego añadió rabbi Eliezer: "¿Cómo sabemos que los patriarcas nacieron en *Tishrei*?" Del pasaje de 1 Reyes 8:2 que dice:

Y se congregaron ante el rey Salomón todos los varones de Israel en el mes de Etanim, que es el mes séptimo.

"El mes en el que nacieron los —*Etanim*— (אֵתָנִים), los Fuertes de las tierra, es decir, los Patriarcas."

"¿Pero cómo sabemos que —*Etanim*— significa *Fuertes*? En Números 24:21 está escrito:

Fuerte es tu habitación.

"En hebreo dice *Eitan moshabeja* (אֵיתָן מוֹשָׁבֶךְ), que se traduce como: —Fuerte es tu habitación—."

También en Miqueas 6:2 está escrito:

Oíd, montes, y fuertes fundamentos de la tierra.

"Y —Fuertes fundamentos— se dice en hebreo *Etanim Mosdei* (אֵתָנִים מוֹסְדֵי)."

Rabbi Yehoshúa dice: "¿Cómo sabemos que los patriarcas nacieron en *Nissán*? Del versículo de 1 Reyes 6:1 que dice:

En el cuarto año del principio del reino de Salomón sobre Israel, en el mes de Zif, que es el mes segundo.

"Donde —*Zif*— (וז) se traduce como *Gloria*, de modo que fue el mes cuando se reunieron los *Gloriosos* de la tierra, es decir, que los patriarcas ya habían nacido."

"Ahora bien, si nacieron en *Nissán* o en *Tishrei*, el día de su muerte ocurrió en el mismo mes del de su nacimiento, como en Deuteronomio 31:2 dice:

De edad de ciento veinte años soy hoy día.

"Cuando Moisés dijo: —hoy día— implicaba que precisamente en ese día era su cumpleaños, y es que el Uno Santo, bendito sea, le garantiza al recto el cumplimiento de los años de su vida con cada mes y día, como en Éxodo 23:26 dice:

Yo cumpliré el número de tus días.

Dice rabbi Yehoshúa: "Isaac nació en *Nissán*. ¿De dónde lo inferimos? En Génesis 18:14 dice:

Al tiempo señalado volveré a ti, según el tiempo de la vida, y Sara tendrá un hijo.

"Y —tiempo señalado— lo entendemos mejor como: *la siguiente Fiesta*. ¿Qué Fiesta se celebraba cuando dijo esto? ¿Pudiéramos suponer que se trataba de la Pascua, y la siguiente Fiesta cuando concebiría era *Shavuot*, la Fiesta de las Semanas?"

"No podría ser así, porque la mujer no puede concebir a los cincuenta días de gestación."

"Si decimos que era *Shavuot*, la Fiesta de las Semanas, haciendo referencia a *Tishrei*, se puede objetar algo similar, porque nadie puede dar a luz a los cinco meses de gestación."

"Sin embargo, esta última objeción puede ser respondida de acuerdo a la siguiente Boraitha: —Hemos aprendido que ese año era bisiesto, y Mar Zutra dice que aún los niños que tardan nueve meses en gestarse nunca nacen exactamente en el noveno mes, sino al final del tiempo requerido—."

"Esto quiere decir que aún un niño de siete meses puede nacer antes de que el séptimo mes se complete, como en 1 de Samuel 1:20 dice:

Y sucedió que al pasar el tiempo.

"—Al pasar el tiempo— se dice en hebreo *LiTekufót HaYamim* (לִתְקֻפוֹת הַיָּמִים), y se traduce como *Cuando el Tiempo estaba por llegar*, y el mínimo de *Tekufót* son dos y también de *Yamim* son dos, es decir, que después de seis meses y dos días de gestación, es posible dar a luz."

Dice rabbi Elazar: "¿Cómo sabemos que Sarah, Raquel y Ana fueron visitadas en *Rosh HaShaná*, es decir, en el día de Año Nuevo?"

"Como lo veremos más adelante, comparando la expresión —acordar— que ocurre en un pasaje con la palabra —acordar— que aparece en otro pasaje, y ambas en relación con otra palabra: —recordatorio—."

"En relación a Raquel, Génesis 30:22 dice:

Y se acordó Adonai de Raquel.

"En 1 Samuel 1:19 dice acerca de Ana:

Y Adonai se acordó de ella.

"El Señor hace una analogía entre la palabra —acordar— que aparece en los dos versículos citados, pero también una conexión con *Rosh HaShaná*, el día de Año Nuevo, como Levítico 23:4 dice:

Al primer día del mes tendréis Shabbath, una conmemoración al son de trompetas.

"Y es que la —conmemoración— se traduce literalmente como un *Recordatorio* para tocar *Teruá*, las trompetas."

"Pero de Ana en 1 Samuel 2:21 dice:

Y visitó Adonai a Ana.

"Y de Sarah en Génesis 21:1 dice:

Y visitó Adonai a Sara.

"Y por analogía, estos eventos ocurrieron el mismo día; en *Rosh HaShaná*, es decir, el día de Año Nuevo."

Dice rabbi Elazar: "¿Cómo sabemos que José fue libertado de prisión en *Rosh HaShaná*? Del Salmo 81:3-5, que dice:

Tocad la trompeta en la nueva luna, en el día señalado, en el día de nuestra fiesta solemne. Porque estatuto es de Israel, ordenanza del Señor de Jacob. Por testimonio en José lo ha constituido, cuando salió por la tierra de Egipto.

También sabemos que el maltrato de nuestros padres en Egipto terminó en *Rosh HaShaná*, por lo que en Éxodo 6:6 está escrito:

Yo os sacaré de debajo de las cargas de Egipto.

"Mientras que en el Salmo 81:6 dice:

Aparté su hombro de debajo de la carga.

"Lo que quiere decir que el Señor apartó a Israel de la carga de Egipto en el día de Año Nuevo, tal como el el Salmo 81:3 lo menciona al decir:

En la nueva luna, en el día señalado, en el día de nuestra fiesta solemne.

Dice rabbi Elazar: "Si en *Nissán* fuimos redimidos como dijo rabbi Eliezer, en *Tishrei* seremos redimidos nuevamente. Esto lo podemos deducir por una analogía con la palabra que ha traducido como —Trompeta— del Salmo 81:4 que dice:

Tocad la trompeta en la nueva luna.

"Y cuando se menciona la —Nueva Luna—, es una clara referencia a *Rosh HaShaná*, al Año Nuevo. Pero Isaías 27:13 dice:

Acontecerá también en aquel día, que se tocará con gran trompeta.

"Isaías está hablando del día del Juicio, que así que como en la —Nueva Luna— fuimos redimidos de Egipto, también cuando se toque la –trompeta– seremos nuevamente redimidos."

Rabbi Yehoshúa dice: "En *Nissán* fuimos redimidos, y en ese mismo mes seremos redimidos nuevamente. Esto lo sabemos de Éxodo 12:42 que dice:

Es noche de guardar.

"Es una —noche— especial para —guardar— que ya ha sido determinada desde los tiempos más tempranos de la redención de Israel." (TR, Capítulo I, Mishná I)

COMENTARIO

Querer ligar el nacimiento de una persona o un acontecimiento importante a la celebración de alguna Fiesta Judía, es también un proceso de creación mística: Muchas veces he escuchado a teólogos queriendo vincular el nacimiento del Mashíaj con la Fiesta de los Tabernáculos, por ejemplo. Este vínculo daría al personaje bíblico que se quiere ligar, un llamado, una predeterminación, en fin, una razón mística superior a la del ser humano que nace cualquier otro día.

Pero también la Fiesta Judía incrementa su valor simbólico cuando se la vincula a un personaje histórico. Así, el Año Nuevo traerá esperanza para las estériles y libertad a los presos; El mundo fue creado el mismo día en que se dio libertad al pueblo de Israel, y en ese día también será enjuiciado.

La Fiesta Judía, y el personaje histórico que nace durante la misma, se retroalimentan para adquirir ambos una mayor relevancia.

El texto talmúdico describe la técnica que utiliza para realizar la interpretación bíblica: la comparación de términos. Es decir, busca una relación entre dos términos iguales que aparecen en historias distantes unas de otras en tiempo, en contexto y en espacio.

Existen innumerables ejemplos de palabras bíblicas que aparecen una sola vez y que nadie sabe su significado real, sino que se interpretan en base a la trama de su propia historia. Una palabra bíblica que se repite en otra parte, se puede traducir en base al contexto de una historia diametralmente distinta.

Todo lo anterior lo devela el Talmúd: La Fiesta Judía de Año Nuevo, las palabras que ayudan a entender el significado de otras palabras, y más importante todavía: la profundidad del texto bíblico, la entramada red y la sabiduría rabínica para desentrañar los misterios del Antiguo Testamento.

Cuando la historia talmúdica menciona que con el toque de la trompeta se anunciará el fin del los tiempos, no podemos sino pensar en la cita de Apocalipsis 11:15, que dice: "Y el séptimo ángel, tocó el shofar porque el dominio del mundo ha regresado a YHVH, y a Su Mashíaj."

Ciertamente Ehad Hu Abinu, Uno es Nuestro Padre.

Subía de la tierra una niebla. (Génesis 2:6)

Dice Resh Lakish: "Como la —niebla— no tiene deshonra y —sube de la tierra—, así la *Sukká*, el tabernáculo, no debe ser sujeto a deshonra y debe construirse en la tierra."

"Lo anterior sería correcto para quienes afirman que los tabernáculos en el desierto estaban formados por nubes de gloria, pero para quienes afirman que se trataba de tabernáculos ordinarios, ¿qué podemos decir?"

"En Levítico 33:43 dice:

En tabernáculos hice yo habitar a los hijos de Israel.

Dice rabbi Eliezer: "Se trata de tabernáculos hechos de nubes de gloria."

Rabbi Akiva dice: "Eran tabernáculos ordinarios."

Rabbi Hisda comenta: "En Nehemías 8:15 dice:

Salid al monte, y traed ramas de olivo, ramas de pino, ramas de arrayán, ramas de palmas, y ramas de todo arrayán frondoso, para hacer cabañas como está escrito.

"¿No son las hojas de arrayán y de arrayán frondoso iguales? Aquí se nos enseña que las hojas del arrayán pequeño son para la *Sukká* y que las hojas del arrayán frondoso son para el *lulab.*"

(TS, Capítulo I, Mishná V)

COMENTARIO

El rabino Hisda disputa acerca de los tabernáculos en el desierto, argumentando que estaban hechos con materiales terrenales y no espirituales, como afirman sus colegas.

Si elevamos el texto entendemos que nuestras moradas terrestres son como la niebla que se dispersa con los primeros rayos del sol, y que hasta la lucha por una propiedad, pierde sentido cuando nos damos cuenta de que solamente estamos de paso en este mundo.

Nuestras moradas celestiales pudiera que estuvieran hechas de Anán HaKabod, de la Nube de Gloria, tal como Apocalipsis 21:23 dice: "*Y la ciudad no tiene necesidad de luz solar ni de luz de la luna, porque Kebod Elohim, la Gloria de Adonai la ilumina, y HaSé, el Cordero, la mantiene como una lumbrera.*"

Procuremos nuestra morada celestial, anhelándola más que cualquier otra propiedad sobre la tierra.

Era de continuo solamente el mal. (Génesis 6:5)

Dijo Abaye: "Los estudiantes de la Toráh son tentados más que ninguna otra persona."

Y es que una vez le sucedió a Abaye que escuchó a un hombre decirle a una mujer: "Levantémonos temprano y acompañémonos en el camino."

Abaye pensó: "Los seguiré y los prevendré de que caigan en pecado."

Así que los siguió como tres millas escondido en los cañaverales. Luego los escucho decir: "Hemos tenido una agradable charla, pero ahora debemos tomar caminos diferentes."

Dijo Abaye: "Mi enemigo he sido yo mismo, porque no me pude contener de hacer esto."

Regresando a su casa, se inclinó sobre el perno de la puerta, y luego se sintió tan mal por ser peor que una persona común.

Entonces se le acercó un anciano que le dijo: "Cuanto más grande es un hombre, mayor será tentado por el ángel malvado."

Rabbi Yitzhak dijo: "Las pasiones malvadas intentan echar a perder lo mejor de un hombre todo el día, como el citado versículo de Génesis dice: —De continuo solamente el mal—."

Rabbi Shimeon ben Lakish dijo: "Las pasiones malvadas intentan echar a perder lo mejor de un hombre, y además lo intentan matar, como el Salmo 37:32 dice:

Acecha el impío al justo, y procura matarlo.

"Si el Uno Santo, bendito sea, no ayudara al hombre, el hombre no podría resistir, como más adelante, el Salmo 37:33 dice:

Adonai no lo dejará en sus manos, ni lo condenará cuando sea juzgado.

(TS, Capítulo V, Mishná II)

COMENTARIO

La persona que deja una vida colmada de vicios, maldad e inmoralidad y recibe a Yeshúa HaMashíaj en su corazón como su único Salvador, comenzará a enfrentar lo que se conoce como "Guerra Espiritual."

La "Guerra Espiritual" la podemos definir como la lucha interna del individuo para no regresar nuevamente a los viejos hábitos, sino mantenerse en una vida de obediencia y Santidad a HaKoré Ethém MeJóshej El Oró HaNiflá, a Aquel que os Llamó de la Oscuridad a la Luz Milagrosa.

No obstante, la mayoría de los conversos ignora que la "Guerra Espiritual" comienza en nuestros propios corazones, como Santiago 4:1 dice: "¿De dónde brotan esas guerras y luchas internas entre vosotros? ¿No es de allí, de vuestro yétzer harraá, de querer hacer el mal, donde se libran batallas en vuestros miembros?"

Para poder librar la batalla contra la tentación, debemos sujetar nuestra voluntad al Creador del Universo, como me sucedió cuando dejé de fumar:

Había intentado varias veces dejar de fumar por mi propia cuenta y había sido la experiencia más nefasta en mi vida: Los primeros tres días podía sentir una fuerte tensión en mi nuca y los dientes siempre apretados. Al mes entraba el síndrome de abstinencia y los malestares espirituales se multiplicaban: miedos irracionales, olvidos, sensaciones espantosas.

Lo más que duraba sin fumar eran seis meses.

Cuando finalmente me convertí al Camino de la Salvación, le pedí al Eterno que me ayudara en esta lucha contra el cigarro. Todo fue diferente: nunca sentí la tensión y el síndrome de abstinencia nunca llegó.

Debemos entender que nada podemos hacer si no estamos siempre tomados de la mano poderosa de quien nos rescató.

Porque el intento del corazón del hombre es malo desde su juventud. (Génesis 8:21)

Rabbi Avira, aunque de acuerdo a otros rabbi Yoshúa ben Leví, dijo: "El ángel malvado, el que tienta al hombre, tiene siete nombres. El Uno Santo, bendito sea, lo llama —malo—, como dice el citado versículo de Génesis."

"Moisés lo llama —prepucio—, como Deuteronomio 10:16 dice:

Circuncidad pues el prepucio de vuestro corazón

"David lo llama —sucio—, como el Salmo 51:10 dice:

Crea en mí un corazón limpio.

"Porque cuando escribe: —Un corazón limpio—, da a entender que debe haber corazones sucios."

"Salomón lo llama —enemigo—, como Proverbios 25:21 dice:

Si tu enemigo tuviere hambre, dale de comer pan; y si tuviere sed, dale de beber agua: Porque ascuas amontonarás sobre su cabeza, y Adonai te lo pagará.

"No debemos leer —te lo pagará—, *yeshalém* (ישלם) en hebreo, sino *shalim* (שלים), es decir, que Adonai nos dará paz a través de esa persona."

"Isaías lo llama —tropiezo—, como Isaías 57:14 dice:

Y dirá: Allanad, allanad; aparejad el camino, quitad los tropiezos del camino de mi pueblo.

"Ezequiel lo llama —piedra—, como Ezequiel 36:26 dice:

Y quitaré de vuestra carne el corazón de piedra, y os daré un corazón de carne.

"Joel lo llama —ejército del Norte—, como Joel 2:20 dice:

Y haré alejar de vosotros al ejército del norte.

"El término hebreo para —Norte— es *tzefoní* (צפוני), que

también puede traducirse como: —El que se oculta—, y debe interpretarse como el espíritu malvado que se oculta en el corazón del hombre."

(TS, Capítulo V, Mishná II)

COMENTARIO

He conocido congregaciones donde enseñan a sus miembros a memorizar el nombre de demonios con la finalidad de hacer las liberaciones más expeditas, y toman como excusa para hacerlo la historia de Marcos 5:1-18, donde Yeshúa HaMashíaj le pregunta al endemoniado "¿Cuál es tu nombre?"

El endemoniado responde que su nombre es "Legión."

En realidad, Legión no es un nombre propio, sino que es un sustantivo colectivo que indica la presencia de muchos demonios que el hombre tenía dentro: más de mil. Si el Mashíaj hubiera echado fuera a cada demonio, uno por uno, mencionándolos por su nombre propio, se habría tardado mucho tiempo en liberar al pobre individuo.

Cuando pronunciamos el nombre de demonios o de falsos dioses, estamos quebrantando el mandamiento de Éxodo 23:13 donde se nos ordena que ni siquiera mencionemos sus nombres.

Bástenos saber lo que el Talmud nos enseña: que hay un enemigo del hombre, que se enseñorea de nosotros cuando andamos en nuestros pecados y en la dureza de nuestros corazones.

Encarguemos, pues, a nuestros enemigos a Nétzaj Israel, al Victorioso de Israel, y concentrémonos mejor en guardar nuestra santidad para evitar caer en las tentaciones que nos llevarán al pecado.

∞ ✂ ∞

Adonai ha oído la voz del muchacho en donde está. (Génesis 21:17)

Rabbi Yitzhak dijo: "Un hombre es juzgado de acuerdo a sus obras a la hora de la sentencia, como el citado versículo de Génesis dice: —Adonai ha oído la voz del muchacho—."

El mismo rabbi recalcó: "Tres circunstancias hacen que un hombre recuerde sus pecados: Cuando pasa por una pared insegura; Cuando piensa hondamente en la importancia de su oración y cuando invoca el juicio divino sobre su vecino."

Rabbi Abhin dice: "Quien pide juicio divino para su vecino es castigado primero, como encontramos el caso de Sarah, que en Génesis 16:5 dice a Abraham:

Juzgue Adonai entre tú y yo.

"Y más adelante, en Génesis 23:2 leemos que murió, porque dice:

Y vino Abraham a hacer duelo a Sara y a llorarla.

"Claro que estas situaciones aplicaban solamente cuando la apelación se podía hacer delante de una corte civil, porque la invocación del juicio divino no era necesaria."

Rabbi Yitzhak predicaba: "Hay cuatro cosas que logran que el decreto del castigo divino sea revertido: Caridad: Oración; Cambio de Nombre y Superación Espiritual."

"Caridad, por lo que Proverbios 10:2 dice:

Mas la caridad libra de muerte.

"La Oración, de acuerdo a lo que el Salmo 107:9 dice:

Pero clamaron al Señor en su angustia, y Él los libró de sus aflicciones.

"El Cambio de Nombre, como Génesis 17:15-16 dice:

No la llamarás Sarai, mas Sara será su nombre. Y la bendeciré, y también te daré de ella hijo.

"Superación Espiritual, lo deducimos de Jonás 3:10 que dice:

Y vio Adonai lo que hicieron, que se convirtieron de su mal camino; y se arrepintió del mal que había dicho que les había de hacer, y no lo hizo.

"Y hay quienes añaden una quinta cosa para evitar el castigo divino: el cambio de locación, como Génesis 12:1-2 dice:

Pero Adonai había dicho a Abram: Vete de tu tierra y de tu parentela y haré de ti una nación grande.
(TR, Capítulo I, Mishná II)

COMENTARIO
Nuestra boca tiene poder, por eso debemos ser sumamente cuidadosos con lo que hablamos, como Mateo 12:36 cita: *"cuando venga el Día del Juicio, de toda palabra dicha por descuido, tendréis que dar cuenta."*

Es por medio de la boca que confesamos el nombre de Adonenu Yeshúa HaMashíaj Adón HaKabód, Nuestro Señor el Salvador el Ungido, Señor de la Gloria, y por medio de esa confesión somos herederos del Olám HaBáh.

Pero también se nos ha dado poder para que con nuestra boca reprendamos a los demonios, a la enfermedad, al malestar espiritual.

De igual manera, tenemos el poder de declarar la provisión, la sobreabundancia, la bendición sobre nuestras vidas.

Pero también podemos levantar juicio. Sin embargo, cuando pedimos juicio, el Eterno nos enjuicia a nosotros al mismo tiempo, de ahí que como no somos hombres cien por ciento rectos, el mal también puede caer sobre nosotros.

El Talmud alberga esperanza para que el juicio hacia nosotros se desvanezca si hemos dicho en nuestro desvarío alguna palabra que pueda repercutir en nuestra contra.

En realidad no se trata de una fórmula de cocina, sino que los cinco ejemplos, caridad, cambio de nombre, oración, superación espiritual y cambio de locación, llevan a una misma reflexión: el verdadero cambio espiritual en un individuo que ha experimentado un encuentro real con su Creador y que ha llenado su corazón de misericordia y no de juicio.

Y miró, y he aquí un carnero a sus espaldas trabado en un zarzal por sus cuernos. (Génesis 22:13)

Rabbi Abahu dijo: "¿Por qué el shofar, la trompeta hebrea, está hecha con el cuerno de un carnero?"

"Porque el Santo Uno, bendito sea, dijo: —Cuando suene delante de mi el shofar hecho con los cuernos de un carnero, me acordaré para su bien, de la ofrenda de Isaac, hijo de Abraham, como dice el citado versículo de Génesis, y los consideraré dignos, como si también ustedes hubieran estado preparados para ser sacrificados a mí—."

(TR, Capítulo I, Mishná II)

COMENTARIO
La historia bíblica a la que hace referencia el Talmud está llena de interrogantes. En primer lugar, Hu Kapará, Aquel que es el Sacrificio, le pide a Abraham ofrecer a su primogénito en holocausto. Cuando llegan al lugar destinado, su hijo Isaac coopera sin ninguna objeción para ser sacrificado. Finalmente, antes de que Abraham cumpla su deber religioso, una voz del cielo le dice que se ha probado su fe, y que como se ha hallado justo, sacrifique en vez de su hijo, el carnero que se halla atorado cerca de ellos.

Normalmente se ensalza la obediencia y la fe de Abraham, pero el Talmud resalta que Isaac había cooperado porque quería ser un sacrificio grato al Eterno, lo que lo convierte en un hombre digno de ser recordado por sus generaciones.

La enseñanza en este rubro es esencial para nosotros, pues Yeshúa HaMashíaj nos pide no menos que entregar nuestras vidas para ser hallados dignos de su reino, como Lucas 9:24 dice: "Porque cualquiera que quiera salvar su alma, la perderá; pero el que pierda su alma por mi causa, la salvará."

Estamos viendo la transición histórica de los sacrificios humanos a los sacrificios animales. Cuando el Eterno le pide a Abraham que sacrifique a su hijo, no le causa ninguna sorpresa, porque los pueblos de la antigüedad tenían estas prácticas por costumbre.

De modo que desde hace más de cuatro mil años, el Eterno cambió el sacrificio humano por el animal, pero desde hace más de dos mil años Yeshúa HaMashíaj anuló el sacrificio animal y lo sustituye por el sacrificio de alabanza, siendo él mismo el sacrificio perfecto delante de HaShem.

La conexión entonces entre Isaac y Yeshúa HaMashíaj es innegable, como lo es la transición de sacrificios que ambos representan.

Tus siervos somos doce hermanos, hijos de un varón. (Génesis 42:13)

Rabbi Tobi bar Matana objetó: "En los Rollos sobre los Ayunos está escrito que el 28 de *Adar* llegaron las buenas nuevas de que los judíos podían leer la Toráh libremente."

"Y es que el rey de Siria había decretado que se les prohibiera estudiar la Toráh, o circuncidar a sus hijos, y que se les obligara a desacrar el *Shabbath*."

"Entonces Yehuda bar Shamúa y sus amigos fueron a tomar consejo a la casa de cierta matrona donde asistía gente célebre de la ciudad."

"Ella les aconsejó diciendo: —Vayan y lloren en voz alta en las noches—."

"Así que ellos hicieron como se les aconsejó, y por las noches decían lo que el citado versículo de Génesis: —Cielos, ¿no somos todos hermanos? ¿No somos hijos de un solo padre? ¿No somos hijos de una madre? ¿Por qué hemos de ser tratados diferente de las demás naciones, y de gente que habla otros idiomas mientras decretan crueles edictos en contra nuestra?—."

"El día en que los edictos fueron finalmente anulados se hizo una gran fiesta."

"Ahora bien, si es cierto que los Rollos sobre los Ayunos fueron anulados, ¿se escribieron nuevos Rollos?"

Como hay una diferencia de opinión entre *Tanaim*, la Boraitha de rabbi Meir explica: "Se prohibía ayunar durante los días mencionados en los Rollos de los Ayunos."

Sin embargo, rabbi Yoséf, dice: "Mientras el Templo estuvo de pie no se permitía ayunar en ciertos días, porque eran días de gozo, pero cuando el Templo fue destruido se permitió ayunar porque se convirtieron en días de lamento."

Rabbi Tobi bar Matana retoma: "En el caso de las Fiestas de *Hanuká* y de Ester, no podían abrogarse los ayunos, mientras que en los días de las demás Fiestas sí podían ser abrogados."

(TR, Capítulo I, Mishná I)

COMENTARIO

La historia muestra cómo el pueblo escucha la voz de sus sacerdotes o rabinos antes de obedecer los decretos nacionales.

Si el rey de Siria había escrito un edicto prohibiendo ciertas liturgias religiosas, los escribas judíos tuvieron que escribir un Rollo sobre los Ayunos donde se corroboraba esta información.

Por otra parte, Yehuda bar Shamúa y sus amigos acudieron con la matrona pensando que podía contactarlos con algún político importante, y olvidaron que en toda cuestión, sea política, económica o de carácter nacional, antes de buscar al hombre, primero tenemos que buscar a TsidkiYáh, a la Justicia de Adonai.

Como ministros de culto, estamos llamados a mantener la paz de los gobiernos a los que pertenecemos, sujetándonos a las leyes nacionales, y en todo caso, orando cuando nos parece que alguna injusticia se está gestando en contra del pueblo del Eterno, tal y como Hechos 13:3 dice: *"Porque los magistrados no están para infundir temor al que hace el bien."*

Si acompañamos nuestras oraciones con ayuno, se nos proveerá de la fortaleza espiritual que necesitamos para que nuestras súplicas lleguen como un incienso grato delante de su presencia y nos sean respondidas con mayor prontitud.

ÉXODO

Quita tus sandalias de tus pies, porque el lugar en que tú estás, tierra santa es. (Éxodo 3:5)

Los rabinos enseñaron: "Los sacerdotes no deben ascender con sandalias a la plataforma para bendecir a la gente. Esta es una de las nueve ordenanzas instituidas por rabbi Yohanan ben Zakai."

Rabbi Yohanan ben Zakai decía: "Si alguien se convierte en prosélito, debe pagar un cuarto de shekel por el sacrificio de un ave." Esto lo decía para que los sacerdotes del Templo tuvieran una contribución por medio del sacrificio diario.

Pero rabbi Shimeon ben Elazar dice: "Rabbi Yohanan anuló este pago porque llevaba al pecado a quienes usaban el dinero para diferentes propósitos."

Los rabinos preguntaron: "¿Pero alguien sabe qué otras ordenanzas dio Yohanan ben Zakai?"

Rabbi Papa y rabbi Nahman ben Yitzhak disputaban respecto de las ordenanzas de rabbi Yohanan. Rabbi Papa decía: "Una de sus ordenanzas hacía referencia a la cosecha del cuarto año."

Rabbi Nahman ben Yitzhak decía: "Otra de sus ordenanzas hacía referencia a la lana carmesí que se colocaba en la puerta del Templo durante el *Yom Kippur*, el Día del Perdón."

(TR, Capítulo IV, Mishná VIII)

COMENTARIO

Muchas veces se nos olvida que nuestras congregaciones han sido sacralizadas por la presencia manifiesta de Kadosh, Kadosh, Kadosh Adonai Tsebaót, del Santo, Santo, Santo Adonai de los Ejércitos. La alabanza y nuestras oraciones convierten en sagrado el espacio en el que nos reunimos. Tengamos siempre en mente este punto para actuar acordes a ello, porque el Señor es el único que es santo tres veces, y su presencia canoniza los lugares donde se manifiesta transmitiendo su inmanencia en ese espacio.

Un prosélito o nuevo converso era adiestrado inmediatamente a contribuir a la manutención del Templo y de los sacerdotes. Una enseñanza que debemos guardar en nuestros corazones para impedir la avaricia que tanto daño hace a las congregaciones y que evita que fluya la bendición hacia nuestras economías.

En el proceso de la cristalización de la tradición oral se pierden enseñanzas rabínicas valiosas, como el ejemplo de las nueve ordenanzas de rabbi Yohanan ben Zakai, de las cuales se recuerdan solamente algunas.

Podemos imaginarnos entonces cuántas enseñanzas del Maestro se perdieron al no escribirse, como Juan 21:25 dice:

"Y hay también muchas otras cosas que Yeshúa hizo, las cuales si se escribiesen una por una, pienso que ni aun en el mundo cabrían los rollos que se habrían de escribir."

Este mes os será principio de los meses; será para vosotros el primero en los meses del año. (Éxodo 12:2)

Los rabinos enseñaron: "Hay cuatro Años Nuevos en un año:

"El primero es *Tishrei*, día del Año Nuevo para años regulares; también para años Sabáticos, y para años de Jubileo; pero también para plantar árboles y para las hierbas."

"El primero de *Nissán* es el Año Nuevo de los Reyes, porque es el día en que los reyes subían al trono, y en ese día se empezaban a rotar los festivales. En el primer día de *Shebat* es el Año Nuevo de los Árboles, de acuerdo a la escuela de Shammai, pero de acuerdo a la escuela de Hillel, es en el quince del mismo mes."

"El primero de *Elul* es el Año Nuevo para el diezmo del ganado." De acuerdo a rabbi Eliezer y a rabbi Shimeon: "Es el primero de *Tishrei*."

Dice rabbi Hisda: "¿Por qué era necesario contar el año en que los reyes subían al trono? Para llevar un mejor recuento de los documentos, como por ejemplo en el caso de las hipotecas: uno sabía cuándo era el primer año y cuando el segundo porque el nombre del rey se mencionaba en el documento."

(TR, Capítulo I, Mishná I)

COMENTARIO
En la actualidad, sobrevive solamente la tradición del Año Nuevo en el mes de Tishrei, que regularmente cae entre los meses de Septiembre y Octubre.

Es algo muy curioso vivir en Israel y celebrar Año Nuevo

en Septiembre y comer un tipo especial de bollos rellenos de mermelada.

Cuando leemos las historias sobre los reyes en la Biblia, se hace mención, por ejemplo de que en el cuarto año del rey fulano sucedió esto o aquello, determinando así el tiempo que habían reinado y los hechos importantes que vinculaban algún acontecimiento histórico.

En las sociedades occidentales hacemos lo mismo, porque decimos: durante la presidencia de tal mandatario se devaluó la moneda, tembló, estalló la guerra civil, etc.

El Día del Árbol, conocido como *Tuv BiShbat* (15 de Shebat), es una reminiscencia de este Año Nuevo de los Árboles. Algunos teólogos opinan que pudo haberse tratado de un día en que se ofrecía alguna propiciación para la buena cosecha. Su equivalente occidental es el día de la Primavera. A diferencia de occidente, donde el día de la Primavera los infantes se disfrazan de alguna planta o insecto, los israelitas modernos lo celebran plantando un árbol. Israel es el país con el mayor programa para reforestar: desde su fundación en 1948, se han plantado más de doscientos cincuenta millones de árboles.

Observamos que también había un año Fiscal en que se traían los diezmos del ganado. El recuento de impuestos en la actualidad está sujeto en los países occidentales al Año Nuevo del calendario gregoriano.

Como seguidores del Camino de la Resurrección tenemos también un día en que celebramos un año especial: el año en que Yeshúa HaMashíaj llegó a nuestras vidas y las cambió de manera radical, como 2 Corintios 6:2 dice: "he aquí ahora el día de salvación."

El año en que nuestro Mashíaj se hizo hombre es tan importante para la humanidad entera, que a partir de esta fecha el calendario histórico se contabiliza con un Antes y un Después de su aparición, porque Hu MeHashné Idanaya VeZimnaya, Él Muda los Tiempos y las Edades.

Y sucedía que cuando alzaba Moisés su mano, Israel prevalecía. (Éxodo 17:11)

Los rabinos enseñaron: "De acuerdo al citado versículo de Éxodo, ¿podemos decir que las manos de Moisés hacían que la guerra continuara o cesara?"

"No, sino que significa que mientras que Israel pusiera los ojos en el cielo para pedir ayuda, y dirigiera su corazón devotamente al Padre Celestial, prevalecerían. Pero cuando cesaban de hacerlo, fallaban."

"Encontramos una idea similar en Números 21:8 cuando dice:

Hazte una serpiente ardiente, y ponla sobre un asta; y será que cualquiera que fuere mordido y mirare a ella, vivirá.

"¿Podía entonces la serpiente matar o dar vida?"

"No, sino que significa que cuando los israelitas miraban hacia arriba, hacia el cielo pidiendo ayuda, y sujetaban su voluntad a la del Padre Celestial, se sanaban, pero cuando no lo hacían, perecían."

(TR, Capítulo III, Mishná V)

COMENTARIO

A veces necesitamos de objetos o de actos simbólicos que ayuden a darle un sentido concreto a nuestra fe. Un ejemplo es el aceite de unción, que Santiago 5:14 recomienda que a los enfermos se los unja "con aceite con la autoridad dada por nuestro Adón."

De modo que no es el aceite lo que trae la sanidad, ni tampoco el poder de intercesión del líder que tiene facilidad de palabra, sino la gran misericordia de Abinu SheBaShamaim, de Nuestro Padre que está en los Cielos.

En cualquier lugar donde yo hiciere que esté la memoria de mi nombre, vendré a ti, y te bendeciré. (Éxodo 20:24)

Los rabinos distinguidos y píos enseñaron: "Bueno sería que los jóvenes no deshonraran a las personas adultas."

Los rabinos penitentes decían: "Bueno sería para los de nuestra edad que los jóvenes repararan en nosotros."

Ambos enseñaban: "Bueno sería que nadie pecara, pero si pecan, que se arrepientan para ser perdonados."

Hillel el Viejo, apodado también el Príncipe, durante la fiesta de Sukkót, cuando se regocijaba del vaciado del agua, decía: "Si estoy aquí, todos están aquí; pero si no estoy aquí, ¿quién está aquí?"

También decía: "Mis pies me han traído a los lugares donde me he encariñado; si tu visitas mi casa, yo visitaré la tuya, pero si no visitas mi casa, nunca visitaré la tuya, como en el citado versículo de Éxodo dice: —vendré a ti, y te bendeciré—."

Rabbi Yohanan dijo: "Los pies de un hombre le dan seguridad, porque donde necesita ir, lo llevarán."

Los rabinos enseñaron: "Dos etíopes estaban al servicio del rey Salomón y eran sus escribas, uno se llamaba Elihoref y el otro Ahías, hijos de Sisa."

"Un día Salomón vio que el Ángel de la Muerte estaba triste, y le preguntó la razón. El Ángel le respondió: —Me tengo que llevar a tus dos escribas—."

"Entonces Salomón tomó a sus dos escribas y los alejó de los demonios, llevándolos a la ciudad de Luz, donde el Ángel de la Muerte no podía entrar."

"A la mañana siguiente vio muy contento al Ángel de la Muerte, y cuando le preguntó la razón, respondió: —Al lugar a donde fui enviado a tomar a tus escribas, allí los mandaste, porque murieron en los portones de la ciudad de Luz—."

"Entonces Salomón le dijo: —Los pies de un hombre le dan seguridad, porque donde necesita ir, lo llevarán—."

(TS, Capítulo V, Mishná II)

COMENTARIO

La primera historia nos recuerda que a veces estamos muy ocupados guardando los diez mandamientos, sin entender que tenemos otras obligaciones bíblicas igualmente importantes, como honrar las canas, tal como lo manda Levítico 19:32.

Muy a menudo he escuchado a seguidores del Camino de la Salvación decir que el Moré, el Maestro, en Mateo 22:37-39 dejó solamente dos grandes mandamientos: "Amar a Adonai con todo el corazón y al prójimo como a nosotros mismos." No nos damos cuenta de que el cumplimiento de esta doble sentencia abarca el desempeño holístico de los demás mandamientos bíblicos.

Faltarle el respeto a los ancianos es tan grave que los rabinos lo consideran un pecado, aunque como todo pecado, tenemos siempre la posibilidad del perdón si nos arrepentimos, tal y como 1 de Juan 2:1 dice: "Hijitos míos, estas cosas os escribo para que no violéis la Toráh. Pero si alguno ha transgredido, Abogado tenemos para con el Padre, a Yeshúa HaMashíaj HaTzadik, al Salvador el Ungido el Justo."

La reflexión que hace Hillel nos hace entender que las decisiones que hemos tomado a lo largo de nuestra vida nos han llevado a las situaciones, buenas o malas, que vivimos, dígase el lugar donde nos asentamos, o donde trabajamos o las personas que hemos escogido para convivir con ellas.

Finalmente, no podemos alterar el día que Adonai ha designado para que le entreguemos cuentas, pero sí dejar que nuestros pies sean encaminados por las sendas del Eterno hasta el día que seamos tomados a nuestra morada eterna.

Y pasando Adonai por delante de él, proclamó: Adonai, Adonai. (Éxodo 34:6)

Rabbi Yohanan dice: "Si este pasaje no hubiera sido escrito, habría sido imposible inferirlo, porque nos enseña que el Uno Santo, bendito sea, se envolvió a sí mismo, como lo hace un ministro que se envuelve en su *talith* antes de recitar las oraciones congregacionales, y así le enseñó a Moisés el orden regular de las oraciones y cómo se debían llevar a cabo, diciéndole: —Cuando Israel peque, déjalo orar a mí de esta manera, y yo lo perdonaré—."

Rabbi Yehuda dice: "Cuando en el citado versículo de Éxodo dice: —Adonai, Adonai—, significa que Adonai es el mismo antes de que el hombre peque y después de que ha pecado y se ha arrepentido."

"El Señor hace un pacto a través de sus trece atributos que en Éxodo 34:5-7 menciona:

Y Adonai descendió en la nube... Y proclamó: fuerte, misericordioso, y piadoso; tardo para la ira, y grande en benignidad y verdad; que guarda la misericordia en millares, que perdona la iniquidad, la rebelión, y el pecado, y que de ningún modo dará por inocente al culpable; que visita la iniquidad de los padres sobre los hijos.

"Y estos son sus trece atributos con los que realiza su pacto: —Nube; Fuerte; Misericordioso; Piadoso; Tardo para la Ira; Grande en Benignidad; Grande en Verdad; Guarda la Misericordia; Perdona la Iniquidad; Perdona la Rebelión; No da por Inocente al Culpable, Perdona el Pecado y Visita nuestra Iniquidad—."

"Por eso su pacto nunca será quebrantado, como Éxodo 34:10 dice:

He aquí, yo hago pacto.

(TR, Capítulo I, Mishná II)

COMENTARIO

En la historia bíblica que menciona el Talmud, Moisés se arrodilla y adora, y gracias a eso evita el gran castigo que se avecinaba sobre el pueblo de Israel, que había pecado gravemente al adorar un becerro de oro.

Podemos presumir que cuando Moisés se arrodilla también se cubre la cabeza en el momento que pasa Erej Apáim VeRab Jesed VeEmet, Aquel que es Tardo para la Ira y Grande en Benignidad y Verdad.

Cuando se realiza un servicio religioso apegado a la tradición judía, en un momento determinado se toma el rollo de la Toráh y se pide uno a uno, que los congregantes pasen a leerlo. Para hacerlo, necesitan primero envolverse con el *talith*, un lienzo con adornos varios, con el que se cubren la cabeza.

Se trata de una tradición tan antigua que en Lucas 4:17 seguramente el Mashíaj utilizó un *talith* cuando leyó el libro de la Toráh.

En la historia talmúdica se nos explica que también el Eterno se envolvió en un *talith* para proclamar su Nombre, quizás con la finalidad de evitar el juicio y ser benigno con el pueblo pecador.

Ahora bien, el *talith* que utiliza el Creador del Universo, son sus propios atributos, porque sus atributos son como su vestido.

Y esto nos enseña, por una parte, a tener un temor reverente hacia Adonai y hacia todo lo que implica una liturgia para alabanza de su Nombre.

Pero también nos enseña que el *talith* espiritual con el que debemos cubrir nuestras cabezas, es el de las buenas obras, la misericordia, la caridad y el amor hacia los demás.

LEVÍTICO

Traeréis al sacerdote un manojo de los primeros frutos de vuestra siega. (Levítico 23:10)

Hemos aprendido en una Boraitha que rabbi Yehuda enseñó en el nombre de rabbi Akiba: "¿Por qué el —manojo de los primeros frutos— debía ser traído durante la Pascua? Porque la Pascua es el período en el cual el Eterno juzga respecto del grano, de modo que dice: —Cuando me ofrecen los primeros frutos, el grano que resta será muy bendecido—."

"Más adelante, en Levítico 23:17 dice:

Traeréis dos panes para ofrenda mecida.

"¿Y por qué los dos panes durante la fiesta de *Shavuot*? Porque es el tiempo en que el juicio se hace sobre los frutos de los árboles, y el Uno Santo, bendito Sea, dice: —Tráeme dos panes en *Shavuot* para que bendiga los frutos de tus árboles—."

"En Éxodo 30:20 dice:

Se han de lavar con agua, para que no mueran: y cuando se acerquen al altar para ministrar.

"¿Por qué la ceremonia del derramamiento de agua sobre el altar se hacía durante la Fiesta de los Tabernáculos? Porque el Uno Santo dijo: —Realicen la ceremonia del derramamiento de las aguas para que las lluvias caigan en sus respectivas estaciones—."

"También el Uno Santo dijo: —Reciten delante de mí en *Rosh HaShaná*, el *Malkiót*, *Zijronót* y *Shofrot*; El *Malkiót* para que me proclamen Rey y el *Zijronót* para que recuerden que el bueno podrá estar delante de mí—."

"¿Y cómo haremos con el *Shofrot*? Tocando el *shofar*, la trompeta."

(TR, Capítulo I, Mishná II)

COMENTARIO

El *Malkiót* consiste en pasajes de las Escrituras donde al Eterno se le proclama Rey, el *Zijronot* son otros pasajes donde se exhorta a recordarle, y el *Shofrot* son pasajes donde se hace mención al toque del *shofar*, que es una trompeta hecha con cuernos de carnero.

El Talmud nos habla de expiaciones especiales los días que se espera el Juicio Divino, pero va más allá: exaltar a Adonai Tob VeSalaj ViRab Jesed, Adonai Bueno y Perdonador, de Abundante Misericordia.

Podemos traer nuestras ofrendas y diezmos al altar semanalmente, también levantar nuestras manos para alabarle, pero si no reconocemos su majestad en nuestras vidas, si no nos acordamos de él cada día, significa que le buscamos por interés en vez de hacerlo por amor.

Sólo mediante la honestidad de nuestros corazones creceremos espiritualmente, como Lucas 9:23 dice: "*Si alguno quiere seguirme, renuncie a todos sus derechos, y tome su madero, y sígame día tras día*".

En tabernáculos habitaréis siete días. (Levítico 23:42)

Los rabinos enseñaron: "El *Lulab* y el sauce que rodean el altar, algunas veces se utilizaban por seis días, y algunas veces por siete días durante el festival.

"Los cantos del Hallel y comer de las ofrendas de paz se llevaban a cabo durante ocho días."

"Pero morar en la *Sukká* y verter las aguas duraba siete días, como mandaba el citado versículo de Levítico."

"Era la costumbre que cada hombre trajera su *Lulab* al Templo del monte, donde era recibido por inspectores que lo depositaban en una galería, y a la gente se le enseñaba que si alguien más tomaba su *Lulab*, se lo diera como un regalo."

"Los ancianos depositaban sus *Lulab* en otras cámaras."

"El siguiente día la gente se presentaba temprano y los inspectores arrojaban el *Lulab* para que cada quien tomara uno, pero sucedía muy a menudo que la gente salía herida."

"Cuando el *Beith Din*, los jueces, vieron que se exponía la gente a peligro, ordenaron que cada hombre guardara su *Lulab* en su propia casa."

Abaye le preguntó a Rabha: "¿Por qué utilizamos el *Lulab* los siete días en recuerdo del Templo, en vez de las ramas de sauce?"

Rabha respondió: "Utilizamos las ramas de sauce atadas al *Lulab* los siete días."

Debatió Abaye: "Pero aún así no las usamos los siete días por las ramas de sauce, sino por el *Lulab*; y si tu crees que el pueblo de Israel se levantará nuevamente gracias a las ramas de sauce, cada día vemos que no es así."

Intervino rabbi Zbhid en el nombre de Rabah: "El *Lulab*, que es bíblico, se utiliza en memoria del Templo los siete días, pero las ramas de sauce, que son rabínicas, no las usamos así."

(TS, Capítulo IV, Mishná I)

COMENTARIO

Levítico 23 nos menciona que se debe hacer un *manojo* de ramas, a lo que los rabinos interpretan que el manojo debe hacerse de ramas de sauce.

Ahora bien, pareciera que la diferencia entre un manojo y llevar las hojas de sauce sueltas es mínima, pero en la medida en que seamos rigurosos para guardar con vehemencia los mandamientos bíblicos, en esa misma medida recibiremos mayor bendición.

Y es que cuando se trata de Fiestas Bíblicas, a veces podemos añadir o quitar elementos que no tienen una gran representatividad. Sin embargo, hay otros elementos y otras prácticas que por ningún motivo pueden suspenderse, por representar puntos medulares para entender la celebración.

En este caso, la tradición bíblica está por encima de las interpretaciones rabínicas, y esto indica que todo lo que aprendemos en nuestras Congregaciones, de nuestros líderes y de nuestros ministros, debe tener un fundamento bíblico, como la sentencia del rabino Pablo en Gálatas 1:8, cuando dice: *"Mas si proclamara un mensaje de redención diferente al que os proclamamos, que sea hecho maldición."*

Irse a vivir a un tabernáculo, como lo manda la fiesta bíblica, es pasar incomodidades por siete días, pero también es una manera de entender las bendiciones que tenemos en la actualidad, y que han sido el resultado de la misericordia de NajaliEl, de Aquel que es Mi Torrente.

Podemos especular que el *Lulab* se guardaba en el Templo porque de alguna manera simbólica albergaba la esperanza de redención, para que la gente tomara el suyo al otro día, pero como muchas veces sucede, se da un abuso y una mala interpretación de una situación de conflicto: Se pierde la finalidad de compartir con los demás cuando el individuo mira por su propio bien en vez de pensar en el bien de los otros, o bien, que alguien no llevara *Lulab* y tomara el de otra persona.

Esto se llama egoísmo.

Estas historias son un reflejo del abuso que se repite tantas veces en nuestras Congregaciones, pues estamos llamados a dar antes que recibir y a ser honestos en todos los aspectos de nuestras vidas.

Cuando alguno hiciere voto especial a Adonai, según la estimación de las personas que se hayan de redimir, así será tu estimación. (Levítico 27:2)

Los rabinos enseñaron: "La persona es culpable de dilación cuando han pasado tres fiestas y no ha cumplido su voto."

"Son culpables quienes hacen voto diciendo: —Daré lo que valgo al Santuario— o bien: —Daré como ofrenda tanto como soy estimado—, de acuerdo a las estimaciones que plantea todo el capítulo de Levítico 27."

"Pero también es culpable quien ha hecho votos para donar un objeto consagrado al Santuario, o bien, votos de ofrendas por el pecado, o de ofrendas elevadas, ofrendas de paz, caridad, diezmos, los primeros frutos y las ofrendas pascuales."

"De igual manera es culpable cuando ha olvidado apilar los rebuscos de su campo."

(TR, Capítulo I, Mishná I)

COMENTARIO

Cumplir un voto al Señor habla de nuestra manera de ser y de la confianza que Ela Rab, de Aquel que es Abundante, nos depositará en el *Olám HaBáh*, en el Mundo Venidero.

Pero también nos habla de la confianza que el Creador del Universo nos tendrá para multiplicarnos los bienes, como Lucas 16:10 dice: *"El que es honesto en lo muy poco, también es honesto en lo mucho."* Así que si supimos ser fieles con nuestros diezmos y con nuestras ofrendas, que es lo poco que se nos pide, nos multiplicará las riquezas sabiendo que seremos también fieles cuando tengamos mucho.

El Talmud nos exhorta a la misericordia con los necesitados, pues es costumbre de los hebreos apilar los rebuscos para que los desamparados los tomen de manera gratuita. En la actualidad, en los mercados israelíes, en los puestos de verdura, siempre hay cajas llenas de frutas y legumbres para que los menesterosos tomen de manera gratuita para sus sustento. Alguien podría pensar que las cajas contienen frutas magulladas o podridas; en cambio, son alimentos de primera calidad.

A veces, cuando algún indigente se asoma a tocar a nuestras puertas, queremos que nos barra el patio, que nos lave el coche o que nos de algún servicio para entonces pagarle su obra. ¿Dónde está la misericordia que es por la gracia? La persona que pide limosna lleva en sí la vergüenza de hacerlo, y sobre esta pena le queremos colgar todavía algún tipo de servilismo.

NÚMEROS

Y oyendo el rey Arad, el cananeo. (Números 21.1)

Preguntaron los rabinos: "¿Qué fue lo que Arad escuchó?"

"Oyó que Aarón estaba muerto y que la Nube de Gloria se habían ido, y pensó que esto era una señal permisiva del cielo para poder pelear contra Israel."

"¿Pero cómo podemos hacer una comparación de este modo?"

"Porque en este versículo se menciona al —cananeo— mientras que en Números 21:23 se menciona al rey —Sehón—."

(TR, Capítulo I, Mishná I)

COMENTARIO
La vida de un *tsadik*, de un justo, es una protección para todo el grupo. En las congregaciones se menciona a menudo la "cobertura." La cobertura es la persona responsable de la

congregación, y cuando un miembro se añade entra bajo la protección de ese líder responsable.

Cuánta mayor protección divina tendrá el miembro de una congregación si su Ministro de Culto ora, ayuna e intercede por cada uno de sus miembros.

A la muerte de Aarón, el enemigo pensó que Israel sería un blanco fácil, pues sin el justo que los protegiera, ¿cómo podían ganar la batalla?

Sin embargo, el pueblo del Eterno contaba con toda la protección del cielo, así que cuando estemos un poco desubicados, buscando una congregación, no pensemos que seremos blanco del enemigo, sino que mientras encontramos el lugar adecuado, ElTzafán, Quien ha Protegido, nos cuidará, porque *"fiel es Adonai, que nos afirmará y guardará del mal,"* como dice 2 Tesalonicences 3:3.

DEUTERONOMIO

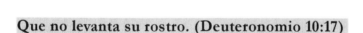

Que no levanta su rostro. (Deuteronomio 10:17)

La prosélito de Beluria le preguntó a rabbi Gamaliel sobre una aparente contradicción en la Toráh: "En el citado versículo de Deuteronomio está escrito: —Que no levanta su rostro—, entendiendo —levantar el rostro— como —*levantar contiendas*—, mientras que en Números 6:26 dice:

Adonai alce su rostro.

Rabbi Yoséf, el sacerdote, se unió a la conversación y dijo a la mujer: "Te diré una parábola."

"¿A qué podemos comparar esta situación? A alguien que le presta dinero a su vecino, y fija un tiempo para que delante del rey le sea pagado, y quien recibe el préstamo jura por la vida del rey que pagará a tiempo."

"Pero el tiempo llega para que pague, y no paga. Así que viene a apaciguar al rey."

"El rey le dice: —Yo te puedo perdonar la ofensa, pero tu vecino a quien le debes debe perdonarte también la ofensa a ti. Ve y pídele perdón—."

"Lo mismo sucede en este caso. En Deuteronomio, cuando dice —No levanta su rostro—, hace referencia a los pecados que un hombre ha cometido en contra del Señor."

"En el caso de Números, cuando dice: —Alce su rostro—, se refiere a los pecados cometidos de un hombre contra otro hombre."

Rabbi Meir solía decir: "De dos que caen enfermos de la misma enfermedad, uno se recupera y otro no. De dos que entran al tribunal del juicio con cargos similares, uno es absuelto y el otro es condenado."

"¿Por qué uno se recupera y el otro no, y por qué uno es absuelto y el otro no? Porque uno oró y su oración fue contestada, pero el otro oró y su oración no fue contestada."

"¿Pero por qué la oración de uno es respondida y la del otro no? Porque uno oró con devoción y su oración fue contestada y el otro no tuvo devoción y su oración no fue contestada."

Pero rabbi Elazar dice: "No se trata de la oración, sino que uno oró antes de que el decreto fuera pronunciado y el otro oró después de que el decreto fue pronunciado."

Rabbi Yitzhak dice: "La oración sirve al hombre antes o después de que se haya decretado la sentencia, porque un decreto negativo en contra de una congregación puede ser anulado por la influencia de la oración, tal y como Jeremías 4:14 dice:

Lava tu corazón de maldad.

"Mientras que en Jeremías 2:22 dice:

Aunque te laves con lejía, y amontones jabón sobre ti, tu pecado está sellado delante de mí

"¿Podemos decir que cuando se —lava el corazón de maldad— es porque se oró antes del decreto, y cuando —el pecado está sellado aunque se lave— es porque se oró después del decreto?"

"De ninguna manera, porque ambos se refieren al tiempo después de que se ha decretado la sentencia. La diferencia es que a veces el decreto de sentencia se hace con juramento, y otras veces la sentencia se pronuncia sin juramento."

Rabbi Samuel ben Ami dijo en el nombre de rabbi Yonathan: "¿De dónde sabemos que no se puede anular un decreto de sentencia que es pronunciado con juramento? Del pasaje de 1 Samuel 3:14 que dice:

Por tanto yo he jurado a la casa de Elí, que la iniquidad de la casa de Elí no será expiada jamás, ni con sacrificios ni con ofrendas.

Pero Rabha dice: "Aún en ese caso, la sentencia no puede anularse mediante sacrificios, pero por medio del estudio de la Toráh sí puede anularse."

Abaye dice: "Con sacrificios y ofrendas no puede ser purgada la sentencia, pero mediante el estudio de la Toráh y mediante una benevolencia activa sí se puede anular."

Pero Abaye decía esto en su propia experiencia, porque tanto él como su maestro Rabha eran descendientes de la casa de Elí; Rabha, que solamente estudió la ley, vivió cuarenta años, pero Abaye, que estudiaba la ley y procuraba hacer buenas obras, vivió sesenta años."

Los rabinos enseñaron que había una familia en Jerusalén cuyos miembros murieron a los dieciocho años. Así que vinieron a informar sobre esta situación a rabbi ben Zakkai.

Les dijo rabbi ben Zakai: "Quizás sean descendientes de Elí, de quien en 1 Samuel 2:33 se escribió:

Mas todos los nacidos en tu casa morirán en la edad viril.

"Vayan, estudien la Toráh y vivan."

Así que fueron a estudiar la Toráh y vivieron y llamaron a esa familia la familia de rabbi Yohanan.

Rabbi Samuel ben Inya dijo en nombre de Rabh: "¿Cómo sabemos que una sentencia en contra de una comunidad, una vez que ha sido decretada, nunca se puede anular? De Deuteronomio 4:7 que dice:

Como lo está Adonai nuestro Señor en todo cuanto le pedimos.

"Y este pasaje lo tenemos que entender a la luz del pasaje de Isaías 55:6 que dice:

Buscad a Adonai mientras puede ser hallado.

"El primer versículo que dice —Como lo está Adonai— hace referencia a la comunidad, mientras que el pasaje que dice —Mientras puede ser hallado— hace referencia a un individuo."

Dice Rabba bar Abbahu: "El tiempo para que un individuo pueda —hallar a Adonai— es durante los diez días que comprenden *Rosh HaShaná* hasta el *Yom Kippur*."

(TR, Capítulo I, Mishná II)

COMENTARIO

El uso de parábolas para explicar una situación espiritual era una costumbre que los rabinos practicaban de manera natural. El Mashíaj no era la excepción. También el Nuevo Testamento está lleno de este tipo de historias.

La parábola talmúdica que revela Tob Hu UMetib, aquel que es Bueno y Bienhechor, dicta que la justicia divina no es retributiva, como la justicia humana, sino que es una justicia que se fundamenta en el amor más puro y sincero que sólo puede existir en el Creador del Universo: el derramamiento de su sangre preciosa para el perdón de nuestros pecados y la sanidad de nuestras enfermedades.

Santiago 5:15 nos dice que *"la oración devocional"* tiene el poder de *"sanar enfermos"* y de *"perdonar pecados no intencionales."* La devoción no es un estado de concentración mental, sino que más bien se expresa en una práctica constante de misericordia, de oración y de estudio. En otras palabras, es una conversión auténtica al Camino de la Resurrección.

Sean sentencias divinas que decretan el mal sobre nuestras vidas, o maldiciones generacionales con las que el individuo esté batallando, se anulan en el momento en que el fiel comienza a llevar una vida devocional diaria.

La relación con el Eterno es personal, por eso las sentencias y las maldiciones se anulan con gran facilidad. No sucede lo mismo con el juicio hacia las naciones, porque a una nación se la juzga en lo general, por sus idolatrías, por su sangre derramada, por la corrupción de sus valores morales y la adopción de antivalores.

En México se legisló permitiendo el aborto y los matrimonios entre personas del mismo sexo. En Estados Unidos algunos Estados han legalizado el consumo de mariguana. Si nos levantamos para protestar en contra de estas situaciones, nos catalogan como homofóbicos, anticuados y otros tantos adjetivos.

Cuando nuestro país no progresa ni vemos la mano divina bendiciéndolo, es momento de detenernos a reflexionar sobre los pecados de carácter nacional que le aquejan. Es nuestra obligación interceder por nuestro país pidiendo primeramente perdón por sus pecados, y luego suplicar por su bienestar.

Desde el principio del año hasta el fin del año. (Deuteronomio 11:12)

Rabbi Zera enseñó: "El propósito de la regla que dice que el primero de *Tishrei* es el día del Año Nuevo para los años ordinarios, en realidad determina los equinoccios y los solsticios."

Rabbi Eliezer está de acuerdo con esta opinión, y añade: "El Mundo fue creado en *Tishrei*."

Pero rabbi Nahman dice: "Es el Año Nuevo del juicio divino, porque el citado versículo de Deuteronomio quiere decir que el principio del año está determinado por lo que será el final del año."

Los rabinos enseñaron: "El primero de *Nissán* es el Año Nuevo para acomodar los meses, para acomodar los años que saltan días, para dar el Medio *Shekel*, y algunos dicen, para rentar casas." (TR, Capítulo I, Mishná I)

COMENTARIO

En los tiempos de Yeshúa no existían los relojes atómicos, que pueden determinar con una gran precisión, el momento exacto en que entra la primavera, por ejemplo.

En la antigüedad las mediciones se hacían con base a la observación de los astros y necesitaban correcciones de uno o varios días para poder predecir solsticios y equinoccios, es decir, estaciones indispensables que debían tomarse en cuenta para saber los tiempos de la cosecha y de la siega.

Con base a estas proyecciones anuales, se acompañaban las celebraciones litúrgicas, sociales y económicas que rigen a todas las colectividades.

Es por eso que BeYadeJa ItotEnu, Aquel en Cuya Mano están Nuestros Tiempos, nos dio la sabiduría para planear nuestro año.

Elevando el texto, cuando nos encontramos con un Año Nuevo, los que seguimos el Camino de la Resurrección debemos planear también nuestras actividades anuales, como leer completa nuestra Biblia durante ese año, asistir semanalmente a nuestras congregaciones y apartar tiempos para oración, para ayuno, para participar en actividades que redituarán en nuestra vida espiritual, y más aún, como 2 Timoteo 4:2 dice: *"predicando la palabra; insistiendo a tiempo y fuera de tiempo."*

El Señor os ha dicho: No procuraréis volver más por este camino. (Deuteronomio 17:16)

Los rabinos enseñaron: "Quien no ha visto el regocijo durante el derramamiento del agua en la Fiesta de *Sukkót*, nunca ha visto un regocijo real en su vida."

"Quien no ha visto a Jerusalén en su esplendor, nunca ha visto una ciudad grande y hermosa en toda su vida."

"Quien no ha visto el edificio del Segundo Templo, nunca ha visto un edificio hermoso en toda su vida."

Dijo Abaye, aunque según otros, fue rabbi Hisda: "¿A qué templo se refiere? Al Templo que construyó Herodes."

Comenta Rabba: ¿Y de qué materiales estaba hecho? De mármol blanco y negro; aunque de acuerdo a otros, de mármol de otros colores."

"Herodes hizo que una línea de piedras se proyectara hacia dentro y otra hacia fuera, y las quería revestir de oro, pero los sagues le dijeron: —Déjalas así, porque así se ven más hermosas, ya que parecen las olas del mar—."

Hemos aprendido en la Boraitha de rabbi Yehuda: "Quien no ha visto el Doble Pórtico de Alejandría en Egipto, no ha visto la gloria de Israel."

"Se dice que era una gran congregación que parecía un palacio con columnas, y en el palacio vivían dos veces el número de israelitas que salieron de Egipto durante el Éxodo."

"Tenía setenta y un sillas para los setenta y un sagues que conformaban el Gran Sanhedrín, el Gran Consejo, y cada silla contenía más de veintiún miríadas de talentos de oro."

"Tenía un púlpito de madera en la mitad del palacio donde el dirigente de la congregación se paraba con una bandera en la mano, y cuando llegaba el tiempo de la oración cuando se dice: —amén—, levantaba la bandera, y toda la congregación unida decía: —amén—."

"Los sagues no se sentaban apretados, porque las sillas de oro estaban separadas. También había sillas de plata separadas."

"Los herreros se sentaban aparte, los carpinteros aparte, y cada quien de acuerdo a sus negocios se sentaba aparte. Esto se hacía porque si entraba algún necesitado, reconociera a la gente de su mismo oficio y le ofrecieran trabajo para ayudarse a sí y a su familia."

Dice Abaye: "Y todo esto fue destruido por Alejandro de Macedonia. Y fueron castigados porque transgredieron el citado versículo de Deuteronomio 17:16 que dice: —No procuraréis volver más por este camino—."

"Ellos desobedecieron, porque regresaron a Egipto. Cuando Alejandro el Grande llegó a Egipto, los encontró leyendo el pasaje de Deuteronomio 28:49 que dice:

Adonai traerá contra ti una nación de lejos, desde lo último de la tierra, que vuele como águila.

"Les dijo: —El viaje a Egipto me debió tomar diez días; sin embargo, los vientos soplaron y me trajeron aquí en cinco, por lo que se cumplió lo que en el anterior pasaje—. Entonces los mató." (TS, CapítuloV, Mishná II)

COMENTARIO

La pregunta de Abaye sobre del Templo que se está mencionando, trata un antiguo debate dentro del judaísmo: si el Templo de Herodes debía o no ser nombrado como el Segundo Templo, porque tras la destrucción del Primer Templo, el Templo de Salomón, el Segundo Templo sería el de Zorobabel, templo que se erigió cuando los primeros hebreos regresan de Babilonia luego del exilio. Los que nombran Segundo Templo al Templo de Herodes, argumentan que Herodes el Grande solamente continuó la pequeña obra de Zorobabel. Otros prefieren llamar a los Templos por el nombre de sus edificadores: Salomón, Zorobabel o Herodes, porque dentro de la teología judía, el Tercer Templo, conocido como el Templo de Ezequiel, anunciaría los tiempos finales.

Para los seguidores del Camino de la Resurrección, Yeshúa HaMashíaj en Juan 2:19 dijo: *"Destruid este Mishkán, este Templo, y en tres días lo levantaré,"* de modo que el Templo de Ezequiel somos nosotros mismos, nuestros cuerpos, donde viene a habitar su Rúaj HaHesed, su Espíritu de Gracia.

La ciudad de Jerusalén es un centro cosmopolita donde convergen todas las denominaciones de las tres religiones monoteístas más importantes del mundo. Recuerdo la sensación de ver por primera vez los muros de la ciudad vieja de Jerusalén en el año 2000 AD: fue una experiencia sumamente espiritual.

Cuando estudiaba mi maestría en la Universidad Hebrea me contaron que cuando el general Tito destruyó el Templo de Herodes, ordenó a sus soldados que dejaran en pie la sección que ahora se conoce como el Muro de los Lamentos, y esto con la finalidad de que las generaciones postreras viéramos la grandeza de lo que había destruido.

La comparación de la congregación en Alejandría nos hace entender por qué las comunidades hebreas en Egipto y en Babilonia se disputaban con Israel la centralidad del judaísmo. La comunidad en Babilonia llegó a ser tan importante que fue la productora del Talmud que estamos analizando en esta colección.

La comunidad sefaradí en la actual España, en los siglos XII al XVI, ocupó un lugar también de relevancia, creando sus propios textos interpretativos de la Toráh, mismos que hemos expuesto en el libro *Interpretaciones Bíblicas Sefaradíes* (Ayala, 2013).

Guardarás lo que tus labios pronunciaren; y harás, como prometiste a Adonai tu Señor, lo que de tu voluntad hablaste por tu boca. (Deuteronomio 23:23)

Los rabinos enseñaron: "Con respecto al citado versículo de Deuteronomio, —lo que tus labios— se refiere a los mandamientos positivos de la Ley, y —Pronunciaren— se refiere a los mandamientos negativos."

"—Y harás— es una advertencia al *Beith Din*, los juzgados, de que tienen que hacer cumplir la ley."

"—Como prometiste— se refiere a los votos que hayamos hecho."

"—A Adonai tu Señor— hace referencia a las ofrendas por el pecado, por la culpa, de paz y a las ofrendas encendidas."

"—Lo que de tu voluntad— significa lo mismo."

"—Hablaste— se refiere a los objetos santificados que han sido dedicados al Templo."

"—Por tu boca— se refiere a la caridad."

(TR, Capítulo I, Mishná I)

COMENTARIO

Los talmudistas hacen un análisis exegético del texto palabra por palabra, enfatizando en el cumplimiento cabal de los mandamientos de la Toráh.

La interpretación de una sola palabra dentro de las Sagradas Escrituras tiene una gran profundidad, sobre todo cuando se trata de la ley bíblica, que son una serie de estatutos que regulan la coherencia de la sociedad.

En la Biblia existen mandamientos positivos y negativos. Los positivos son todos aquellos que nos exhortan a hacer algo, como guardar las fiestas, amar a nuestros padres, servir con gozo al Creador, etc.

Los mandamientos negativos son el cúmulo de prohibiciones, como no robar, no matar o no codiciar.

Además, hay una serie de votos con los que podemos ligarnos más a Adonai Mejokekenu, a Adonai Nuestra Ley, y por los cuales recibiremos grandes bendiciones, como por ejemplo los votos nazareos, que consistían en dejarse crecer el cabello, o no beber vino como una manera de consagración.

La ley también comprende las ofrendas para el perdón de nuestros pecados, incluyendo los diezmos, porque los rabinos mencionan los objetos que decidimos donar para el servicio en nuestras congregaciones.

La Biblia nos enseña a tener misericordia de aquel que tiene necesidad, como Santiago 2:15-16 dice: "Y *si un hermano o hermana están desnudos, y tienen necesidad del mantenimiento diario, y alguno de vosotros les dice: id en paz, pero no les dierais las cosas necesarias para el sustento del cuerpo, ¿de qué sirve?"*

～ ⚜ ～

Al fin de cada siete años, en el año de la remisión, en la Fiesta de los Tabernáculos. (Deuteronomio 31:10)

Los rabinos enseñaron: "Reconocemos el año en que se debe dar el diezmo porque es tan pronto como la algarroba empieza a crecer, cuando el grano de trigo y las aceitunas están maduras a un tercio."

"¿Pero cómo entendemos el —tan pronto— de la algarroba?"

"Cuando florece."

"¿Y cómo sabemos cuándo el grano y la aceituna —están maduras a un tercio?—."

Dice rabbi Assi en nombre de rabbi Yohanan, y lo mismo se había dicho en nombre de rabbi Yoséf de Galilea: "Tenemos que entenderlo con base al citado versículo de Deuteronomio, preguntándonos primero: ¿Qué tiene que ver el Año de Liberación, o Año Sabático con la Fiesta de los Tabernáculos?"

"Que después del Año de Liberación, cuando viene la Fiesta de los Tabernáculos, ya es el año octavo, porque Deuteronomio dice: —Al fin de cada siete años—. Lo dice con el propósito de que todo fruto que todavía no está maduro para *Rosh HaShaná*, debe considerarse incluso en el octavo año como el producto del Año Sabático."

Rabbi Yonathan ben Yoséf opina lo mismo en su Boraita cuando dice: "En Levítico 25:21 está escrito:

Y dará fruto por tres años.

"Y no debemos leer —tres—, *lishlósh* (לִשְׁלֹשׁ) en hebreo, sino *lishlísh* (לִשְׁלִישׁ), —tercero—, es decir, que el fruto se considera ya producido aunque haya madurado apenas un tercio."

"Pero también hay fundamento en Deuteronomio 25:22 cuando dice:

Y sembraréis el año octavo, y comeréis del fruto añejo; hasta el año noveno, hasta que venga su fruto comeréis del añejo.

"De modo que también se debe guardar el diezmo añejo."
(TR, Capítulo I, Mishná I)

COMENTARIO

De acuerdo a Éxodo 23:10-11, la tierra de siembra debía descansar en el séptimo año, y es que la tierra de sembradíos agota los nutrientes necesarios para que las plantas que produce, continúen creciendo sanamente.

La práctica de dejar descansar la tierra fue muy común en los pueblos de la antigüedad. Los aborígenes de las islas Trobriand (Malinowsky, 2002), por ejemplo, sembraban una porción de tierra por unos años mientras que la otra porción descansaba ese mismo tiempo y luego simplemente rotaban las tierras. Los pueblos indígenas de Mesoamérica, en cambio, practicaban la rosa, un sistema donde quemaban el rastrojo para que las cenizas proveyeran de los nutrientes necesarios a la tierra, y no tener necesidad de poner a descansar el terreno de siembra.

El hecho es que dejar descansar la tierra durante un año completo, producía un estrés económico en los sacerdotes que vivían de los diezmos de los frutos. Para evitar este rezago, se pedía que se contaran dentro de los diezmos los frutos que incluso no estaban completamente maduros, y que los diezmaran tan pronto como el Año Sabático terminaba; en la Fiesta de los Tabernáculos, que dista por semanas del Año Nuevo Judío.

Esto nos debe hacer recapacitar en la necesidad de ser puntuales con nuestros diezmos y nuestras ofrendas, porque ciertamente nuestros ministros de culto dependen de esas misericordias para vivir.

Pero también nos enseña a no ser exactos cuando se trata de diezmar, pues no estamos presentando una declaración ante el fisco, sino agradeciendo a VeLó Asher Yajól Laasót Yoter MiKol Ma SheAnu Mebakshim, a Aquel que Puede Hacer Mucho Más de lo que le Pedimos, de modo que dando abundante tenemos la seguridad de que también recibiremos abundantemente.

Quedémonos con el consejo del rabino Pablo que en 1 Corintios 16:2 dice: "*Cada primer día de la semana, cada uno de vosotros ponga aparte algo, de sus propios ahorros y según haya prosperado, guardándolo.*"

La ley que nos mandó Moisés, es la heredad de la congregación de Jacob. (Deuteronomio 33:4)

Los rabinos enseñaron: "Un menor que sabe cómo sacudir un *Lulab* está obligado a cumplir su deber religioso."

"Si sabe cómo vestirse solo, está obligado a usar *Tzitzit*."

"Si es lo suficientemente responsable como para cuidar un *Tefilin*, su padre debe comprarle uno."

"Tan pronto como pueda hablar, su padre debe enseñarle la Toráh y debe leer el *Shema*."

Dice rabbi Hamuna: "Entendemos por Toráh lo que el citado versículo de Deuteronomio dice: —La ley que nos mandó Moisés—, y entendemos por *Shema* lo que el versículo de Deuteronomio 6:4 dice:

Oye, Israel, Adonai nuestro Señor, Adonai uno es.

Continúan diciendo los rabinos: "Si sabe cómo degollar un animal, debe comer del mismo animal que degolló."

Interrumpe rabbi Huna: "Solamente si un adulto está presente."

Continúan enseñando los rabinos: "Si es capaz de comer un pan del tamaño de una aceituna, uno debe removerse cuatro ells de distancia para orar o para estudiar la Toráh."

Dice rabbi Hisda: "Esto solamente si puede comer el pedazo de pan con la velocidad con la que un adulto puede comer tres huevos o más."

Dice rabbi Hiya el hijo de rabbi Yeba: "Nunca debemos alejar al niño si todavía no puede comer bien el pan, porque en Eclesiastés 1:18 dice:

Porque en la mucha sabiduría hay mucha molestia.

Los rabinos siguen enseñando: "Si el menor es capaz de comer carne asada, aunque sea del tamaño de una aceituna, debe participar del sacrificio Pascual, como en Éxodo 12:4 dice:

Cada uno conforme a su comer.

Rabbi Yehuda argumenta: "No se le debe dar del sacrificio Pascual hasta que el niño sea capaz de discernir. ¿Y cómo sabemos si discierne o no? Si se le da una papa cruda y la tira, pero cuando se le da una nuez y la acepta, entonces el niño discierne." (TS, Capítulo III, Mishná XII)

COMENTARIO

Algo que me sorprendió mucho durante mi estancia en Israel fue saber que a los niños que asisten a escuelas ortodoxas se les da una cucharada de miel cuando se les enseña por primera vez el alefato, y esto con la finalidad de que su primer encuentro con las letras hebreas sea dulce.

A veces pensamos que nuestros hijos no tienen la edad suficiente para tener obligaciones religiosas, y que como son niños, lo mejor es dejarlos crecer y que con el tiempo ellos solos afiancen su propia fe. Con esta actitud estamos creando ateos insensibles a la voz de Elohim SheEinó Yisá Néfesh, de Aquel que no Hace Acepción de Personas.

Si en cambio los guiamos en el Camino de la Salvación desde pequeños, podremos entender la alegría que 3 Juan 1:4 dice: *"No podría sentir yo mayor gozo que este: oír que mis hijos están andando en la verdad."*

Por otra parte, debemos también ser muy cautos evitando

hacer partícipes a nuestros hijos respecto de rituales que ameritan un gran respeto, como por ejemplo la Santa Cena y el bautizo, y estar seguros de que tienen discernimiento sobre lo que están haciendo.

∞ ⚶ ∞

REYES

Y aconteció en el año cuatrocientos ochenta después que los hijos de Israel salieron de Egipto, en el cuarto año en el mes de Zif, que es el mes segundo del principio del reino de Salomón sobre Israel. (1 Reyes 6:1)

Rabbi Yohanan dijo: "¿De dónde deducimos que empezamos a reconocer el comienzo de los Años de los Reinados de los Reyes desde el mes de *Nissán*?"

"Porque en el citado versículo de Reyes, se establece una analogía entre —el reino de Salomón— y entre —los hijos de Israel que salieron de Egipto—."

"De la misma manera, así como se sabe que el Éxodo sucedió en *Nissán*, así también el reinado de Salomón comenzó en *Nissán*." (TR, Capítulo I, Mishná I)

COMENTARIO

Los calendarios son herramientas muy útiles para agendar nuestras actividades, para planear nuestras vacaciones y para recordar momentos importantes en nuestras vidas.

En la reflexión talmúdica, el calendario tiene otra función más elevada: mostrarnos que los tiempos del Eterno son espirales, porque en las mismas fechas ocurren transiciones importantes en la historia de su pueblo.

Si la salida del pueblo de Israel fue en Nissán, también en Nissán fue la ascensión de Salomón al trono. Ambos acontecimientos tuvieron un carisma libertador. El primero liberó a los israelitas de la esclavitud y de la servidumbre y el segundo los liberó de las guerras y de la pobreza.

Juan 7:6 dice que nuestro *"tiempo siempre está presto,"* es decir, que nuestro tiempo para ser liberados está al alcance de nuestro corazón, cuando reconocemos a Yeshúa HaMashíaj como Goalenu MeOlám, como Nuestro Redentor Eterno.

Que Adonai proteja la causa de su siervo, y de su pueblo Israel, cada día. (1 Reyes R6R:59)

Dice rabbi Yoséf: "Debemos orar por los estudiosos del Talmúd y por los enfermos todos los días, porque de acuerdo al citado versículo de Reyes, el mundo es juzgado —cada día—."
(TR, Capítulo I, Mishná II)

COMENTARIO
Algunos predicadores, intentando evadir la responsabilidad de la intercesión diaria, afirman erróneamente que basta con pedir una sola vez y esperar a que nuestra oración sea contestada. Los talmudistas opinan lo contrario, porque Rajamav Jadashim LaBekarim, el Eterno Renueva cada Mañana su Misericordia.

Si nuestras peticiones han de realizarse todos los días, como 2 Corintios 11:28 dice: *"lo que sobre mí se agolpa cada día, mi sentido de responsabilidad por todas las comunidades,"* también todos los días debemos hacer un recuento de nuestras fallas.

De este modo, analizando nuestras consciencias, pidiendo perdón por nuestros pecados y arrepintiéndonos de nuestros malos caminos, estamos listos para presentarnos delante de su trono e interceder por las necesidades de nuestros hermanos.

CRÓNICAS

Y fue el número de los holocaustos que trajo la congregación, setenta becerros. (2 Crónicas 29:32)

Preguntaron los rabinos: "¿Con qué propósito se ofrecían los setenta becerros?"

Dijo rabbi Elazar: "Por el bienestar de las setenta naciones que entonces existían."

Volvieron a preguntar: "Números 29:36 dice:

Y ofreceréis holocausto por olor grato a Adonai, un becerro de la vacada.

"¿Y con qué propósito se ofrecía un solo animal?"

Respondió rabbi Elazar: "Por el bienestar de una sola nación: Israel."

"Lo podemos comparar a un rey humano que le dice a sus esclavos: —Prepárenme un gran banquete para varios días—. En el último día le dice a su amigo: —Prepárame una sola comida, para que pruebe tu sazón—."

Dice rabbi Yohanan: "Ay de las naciones, porque se han perdido, y tampoco saben lo que perdieron: Cuando existía el Templo, se hacía un sacrificio por sus pecados, pero ahora que el Templo fue destruido, ¿quién hará el sacrificio por sus pecados?"

(TS, Capítulo V, Mishná IV)

COMENTARIO

Los sacrificios animales tuvieron su término cuando la sangre preciosa de Yeshúa HaMashíaj fue derramada en la cruz, entonces la oración intercesora sustiyó el sacrificio diario.

Las personas que están alejadas del Camino de la Salvación no entienden que la oración de intercesión trae consigo un balance espiritual al mundo material. De no ser por los seguidores de Abdeja HaKadosh Yeshúa, del Siervo, el Santo Salvador, que se ponen a la brecha suplicando por misericordia, el mundo estaría sumido en una oscuridad tan profunda que habría extraviado por completo su moral.

Efesios 6:18 dice: *"Orando en todo tiempo con toda oración y súplica e en el Espíritu, y concentrando el pensamiento en ello con toda perseverancia y súplica por todos los del pueblo escogido."*

No nos cansemos, pues, de seguir intercediendo por nuestra sociedad, por nuestra nación y por nuestro mundo para que sea un mejor lugar.

SALMOS

Él formó el corazón de todos ellos; Él considera todas sus obras. (Salmo 33:15)

Los rabinos enseñaron: "Durante cuatro períodos al año el mundo es juzgado."

"Durante la Pascua, con respecto al crecimiento del grano."

"Durante *Shavuot* o Fiesta de las Semanas, con respecto al fruto de los árboles."

"Durante *Rosh HaShaná* cuando todo ser humano pasa delante del Rey, como una oveja pasa delante de su pastor, y como el citado Salmo dice: —Él considera todas sus obras—."

"Finalmente, el mundo es juzgado durante la Fiesta de los Tabernáculos con respecto al agua de lluvia."

(TR, Capítulo I, Mishná II)

COMENTARIO

Las sequías, las inundaciones, la pérdida de las cosechas o los problemas con el abasto de los frutos se deben a un juicio divino, tal y como Romanos 2:9 dice: *"tribulación y angustia sobre toda persona que hace lo malo."*

Ese juicio lo realiza anualmente Mi SheLefanav Alenu Latet Din VeJeshbón, Aquel Delante de Quien Estamos para Recibir Juicio y Cuenta. Esto quiere decir, que cuando llega una fecha determinada en un período anual, el Eterno toma la decisión de bendecir o de enviar tribulación a nuestras vidas o a nuestra nación.

Es una gran esperanza saber que la tribulación no durará más de un año, pero también es una exhortación para que cuando veamos ocurrir este tipo de catástrofes, volvamos nuestros rostros para buscarle de todo corazón.

Bendito sea el Señor cada día. (Salmo 68:19)

Los rabinos enseñaron: "Si alguien tiene que realizar muchos deberes religiosos, debe decir: —Bendito sea Aquel que nos ha santificado con sus mandamientos y nos ha dado muchos deberes religiosos—."

Rabbi Yehuda argumenta: "La persona debe pronunciar una bendición por cada deber religioso que realice."

Rabbi Zera, aunque de acuerdo a otros rabbi Hanina bar Papa, dijo: "La Halajá prevalece de acuerdo a rabbi Yehuda."

"¿Pero por qué apoyamos la opinión de rabbi Yehuda? Por lo que el citado versículo de Proverbios dice: —Bendito sea el Señor cada día—. ¿Lo bendecimos solamente de día, pero no de noche? Debemos aprender que cada día debemos bendecir al Señor por los deberes religiosos del día."

"Si es *Shabbath*, debemos bendecirlo por el *Shabbath;* si es un festival, por los deberes religiosos de cada festival."

Rabbi Zera dijo: "Ven y ve que las costumbres de los seres humanos no son como las costumbres del Uno Santo, bendito sea."

"Un ser humano puede poner algo en una vasija vacía, pero cuando la vasija está llena, no puede poner nada en ella. Sin embargo, el Uno Santo, bendito sea, puede añadir cosas en una vasija llena, como en Deuteronomio 28:1 dice:

Si oyeres diligente.

"Cuando —oímos diligentemente—, recibimos mayor conocimiento, pero si no —oímos diligentemente—, no podemos escuchar nada."

Aunque otros rabinos interpretan el mismo versículo de Deuteronomio de otra manera: "Si has prestado atención a lo que aprendiste antes, puedes aprender cosas nuevas; pero si apartas tu corazón de las enseñanzas antiguas, no puedes aprender nada." (TS, Capítulo IV, Mishná II)

COMENTARIO

Las prácticas religiosas más básicas que se nos piden como seguidores del Camino de la Salvación, son la oración, la lectura bíblica y la asistencia semanal. Con el paso de los años, a veces estos fundamentos de nuestra fe se hacen monótonos y tediosos. Incluso a veces llegamos a realizarlos de manera automática.

Los talmudistas nos recomiendan darle gracias a YejanYah, a Aquel que Establece, antes de realizar cualquier práctica religiosa.

Agradecer nos concientiza de que cuando cumplimos obligaciones rituales, la bendición es para nosotros, porque leer la Biblia nos fortalecerá espiritualmente; orar hará que nuestras peticiones sean respondidas; asistir a los servicios semanales resultará en una relación más íntima con su presencia. Así podemos continuar y encontraremos que siempre hay bendición en las cosas del Señor.

Como Gálatas 6:9 dice: *"No nos cansemos pues, de hacer el bien, pues si no desfallecemos, a su tiempo cosecharemos."*

Sean raídos del libro de los vivientes, y no sean escritos con los justos. (Salmo 69:28)

Rabbi Kruspedai dijo en el nombre de rabbi Yohanan: "Tres libros son abiertos en *Rosh HaShaná*: Uno para los que fueron totalmente malos; Uno más para la gente promedio y Uno para los que fueron totalmente buenos."

"El que fue totalmente bueno, es inscrito en el primer libro, y se le decreta vida."

"El que fue enteramente malo es inscrito en el otro libro, y se le decreta destrucción."

"A la gente promedio, se le ponen en una balanza sus obras que hizo desde *Rosh HaShaná*, hasta el *Yom Kippur*: si prueban ser dignos, son inscritos en el libro para vida, pero si no lo son, se inscriben para muerte."

Dijo rabbi Abhin: "¿Pero de dónde obtiene rabbi Kruspedai sus enseñanzas? Del citado versículo del Salmo que dice: —Sean raídos del libro de los vivientes—."

(TR, Capítulo I, Mishná II)

COMENTARIO

Cuando estudié mi licenciatura en Ciencias de la Comunicación, a menudo pensaba que tendría mucho tiempo para arrepentirme y para buscar el Camino de la Salvación. Sin embargo, siempre estaba la misma pregunta en mi cabeza: ¿viviré el día de mañana?

El Talmud hace una metáfora sobre el juicio. La mención anual es una manera de expresar la paciencia que tiene Jasdenu UMetzudatenu, Aquel que es Nuestra Piedad y Nuestra Fortaleza: nos brinda una oportunidad anual para que recapacitemos acerca de nuestras vidas.

Si hemos hecho el bien, podemos descansar en la confianza de la Salvación, pero si hemos hecho impíamente, ¿alcanzaremos el siguiente año para arrepentirnos?

Si bien somos salvos por la fe, por medio de la confesión del nombre de Yeshúa HaMashíaj, guardemos diariamente nuestra salvación por medio de la santidad para que el día que venga el juicio, como Lucas 21:36 dice, podamos *"estar de pie sin avergonzarnos delante del Hijo del Hombre."*

Tocad la trompeta en la nueva luna, en el día señalado, en el día de nuestra fiesta solemne. (Salmos 81:3)

Hemos aprendido en una Boraitha: "Durante *Rosh HaShaná*, los niños y las mujeres pueden tocar los *Shofarót*, las trompetas."

"El orden para tocar los *Shofarót*, es tres veces tres. La duración de un *Tequiá* es igual a tres *Teruót*, y cada *Teruá* son tres gemidos de *Yababoth*."

"De modo que en *Rosh HaShaná*, se deben tocar tres *Teruót* y seis *Tequiót*."

Rabbi Abahu promulgó en Cesaréa: "Debe ser primero un *Tequiá*, luego tres sonidos de estacato o *Shebarim*, luego un *Teruá*, y luego nuevamente un *Tequiá*. Pero no estoy seguro si el *Teruá* es un gemido prolongado o un corto lloro, lo que cambiaría cómo debe tocarse el *Shofar* en *Rosh HaShaná*."

(TR, Capítulo IV, Mishná IX)

COMENTARIO

En la actualidad, el *Tequiá* es un gemido prolongado; *Shebarim* son tres sonidos consecutivos de mediana duración y

Teruá son una serie de sonidos cortos intermitentes.

La primera vez que escuché un Shofar como debía tocarse, fue en la sinagoga de la Universidad Hebrea de Jerusalén. Habíamos asistido a celebrar Rosh HaShaná. El rabino Yakov, un amable hombre que nos invitaba a mi esposa y a mí a comer cada fin de semana en su casa, pidió a toda la congregación que cerráramos los ojos y que imagináramos que estábamos al pie del Monte Sinaí.

Recuerdo el sonido prolongado de *Tequiá* resonar con tal fuerza que me estremecí para mis adentros. Fue como si Esh Ojelet, Aquel que es Fuego Consumidor, se hubiera posado en la cima del Monte Sinaí y hubiera hecho resonar el Shofar desde lo alto. Nunca olvidaré una experiencia tan espiritual.

Entonces comprendí que el sonido del Shofar era una práctica ritual que debía estar presente en los actos más relevantes de las congregaciones, y que como seguidores del Camino de la Resurrección, también esperamos el sonido de los Shofarót, como 1 Corintios 15:52 dice: "*Porque se tocará el Shofar, y los muertos serán resucitados incorruptibles, y nosotros seremos transformados.*"

De modo que el sonido del Shofar nos debe recordar el encuentro cósmico del Sinaí, pero también el regreso glorioso del Mashíaj.

Moisés y Aarón entre sus sacerdotes, y Samuel entre los que invocaron su nombre. (Salmo 99:6)

Los rabinos enseñaron: "La razón por la que los nombres de algunos ancianos no son mencionados, es para que uno no pueda decir: —¿Ese anciano era como Moisés y Aarón? ¿Era ese anciano como Nadab y Abiú? ¿Era ese anciano como Eldad y Medad?—."

"Se deben evitar esas comparaciones de acuerdo a lo que 1 Samuel 12:6 dice:

> **Entonces Samuel dijo al pueblo: Adonai es quien favoreció a Moisés y a Aarón.**

"Y vinculado a este versículo, se encuentra lo que 1 Samuel 12:11 dice:

> **Entonces Adonai envió a Jerobaal, y a Bedán, y a Jefté, y a Samuel.**

"Jerobaal es Gedeón, ¿y por qué se le llama Jerobaal? Porque peleó en contra de Baal."

"Bedán es Sansón, ¿y por qué se le llama Bedán? Porque venía de la tribu de Dan."

"El citado Salmo dice que —Moisés y Aarón eran sacerdotes— y que —Samuel invocaba su nombre—."

"Es decir, los Textos Sagrados consideran a las tres personas que se mencionan iguales a tres nobles, para enseñarnos que Jerobaal fue en su generación como Moisés. Bedán fue en su generación como Aarón y Jefté fue en su generación fue como Samuel."

"De todo esto aprendemos que aún las personas más comunes pueden ser líderes de una comunidad, y también ser consideradas como nobles, como Deuteronomio 17:9 dice:

> **Y vendrás a los sacerdotes levitas, y al juez que fuere en aquellos días.**

"¿Por qué dice: —En aquellos días?—. ¿Se puede decir que alguien acudiera a los jueces que no había en esos días? Claro que no, pero las Escrituras nos enseñan que un juez de esos días tenía la misma autoridad que sus predecesores."

"Encontramos una enseñanza similar en Eclesiastés 7:10 que dice:

Nunca digas que los tiempos pasados fueron mejores que éstos.

(TR, Capítulo II, Mishná V)

COMENTARIO

Se nos enseña a no ser engreídos y a no compararnos con los hombres que han sido inmortalizados en las Escrituras, porque a veces somos dados a criticar a los siervos de Shimeja HaGadol, de Aquel cuyo Nombre es Grande, sin darnos cuenta que distamos mucho de ser semejantes a ellos en justicia y santidad.

También se nos dice que podemos alcanzar la estatura de estos varones que fueron hombres comunes, pero que llegaron a ser considerados dentro de una nobleza espiritual, tal y como el Maestro en Juan 14:12 dice: *"El que tiene fe en mí, las obras que yo hago, también él las hará; y mayores obras hará, porque yo me voy al Padre."*

Alabad al Señor; oh siervos de Adonai. (Salmo 113:1)

Rabha dijo: "Grandes *Halajót* se pueden inferir de la costumbre de recitar el *Hallel*."

"En nuestros tiempos acostumbramos que casi cualquier hombre puede leer el *Hallel*, y los que le acompañaban repiten el principio del citado versículo del Salmo: —Alabad al Señor, oh siervos de Adonai—."

"Por eso inferimos cuáles son las partes esenciales del *Hallel* y la manera en cómo se recitaba en los tiempos antiguos, cuando la gente no lo podía leer, sino que alguien los dirigía y los demás repetían después de él."

"La *Mishná* dice: —Se respondía Aleluya—."

"Responder —Aleluya— es entonces una porción esencial."

"En nuestros tiempos, cuando la persona que recita dice lo

que en el citado versículo: —Alabad al Señor, oh siervos de Adonai—, la gente responde: —Aleluya—."

"Inferimos entonces que si un respetable anciano es el que está leyendo el *Hallel*, es suficiente que los escuchas respondan —Aleluya—, y no repita el versículo completo."

"Entonces, cuando la persona que recita dice: —Alabad al Señor—, los demás también repiten: —Alabad al Señor—. Inferimos que es un gran privilegio repetir los primeros versos del capítulo." (TS, Capítulo III, Mishná VII)

COMENTARIO

Tradicionalmente se le llama Hallel a la recitación de los Salmos 113 a 118, aunque se ha visto de manera más específica la discusión rabínica sobre los versículos exactos que abarca este canto en el *Talmud Tratado Número 3: Pesajim, Celebración de las Fiestas de Pascua.* (Ayala, 2011: 83).

Por otra parte, —Alabad al Señor— y —Aleluya—, tienen el mismo significado en hebreo, pues —Aleluya— se traduce como —Alabad al Señor—, por eso Rabha hacer partícipe al escucha junto con el lector.

El Talmud también nos enseña que muchas cosas de las que hacemos a veces sin saber por qué cuando llevamos a cabo algún ritual en nuestras congregaciones, todas tienen una razón de ser, y a veces la misma acción nos puede llevar a inferir la razón.

Se hace una comparación entre la manera en cómo se llevaba la práctica en el pasado y cómo se hacía en tiempos en que el texto se cristalizó, lo cual nos enseña que algunas costumbres en las Sagradas Escrituras se fueron adaptando a tiempos más modernos.

Por ejemplo, acerca del uso de velo, el rabino Pablo en 1 Corintios 11:6 escribe: *"Si alguno quiere ser contencioso, nosotros no tenemos tal costumbre."* Es decir, que las mujeres utilicen velo es una costumbre que seguían las primeras congregaciones, y que si en tiempos actuales se continúa con esta práctica en grupos mesiánicos, es por asemejarse más a lo que eran los rituales bíblicos.

Lo importante, como lo resalta Rabha, es que sea alabado Ló Yaé Adonenu VeEloheinu Lekabel Et HaKabod, VeHaYakar VeHaGueburá, Nuestro Señor y Nuestro Adón, a Quien es Correcto dar la Gloria, la Honra y el Poder.

Los cielos son los cielos de Adonai; y ha dado la tierra a los hijos de los hombres. (Salmo 115:16)

Hemos aprendido en la Boraitha de rabbi Yoséf: "La Shejiná nunca descendió a la Tierra, y Moisés y Elías nunca ascendieron a los cielos, como en el Salmo dice que ——los cielos son de Adonai— y —la tierra de los hombres—."

"Aunque en Éxodo 19:20 dice:

Descendió Adonai sobre el monte de Sinaí.

"Sí, descendió, pero estuvo a una distancia de diez *spans* sobre la tierra. Por eso cuando en Éxodo 25:22 dice:

Y hablaré contigo de sobre el propiciatorio.

"En realidad quiere decir que estará diez *spans* más alto, y de aquí vemos que diez *spans* es la altura mínima para construir un Tabernáculo." (TS, Capítulo I, Mishná I)

COMENTARIO

La Shejiná en términos rabínicos es la manifestación gloriosa de Anán Adonai, de la Nube de Adonai. Es tan grande su majestad que su revelación más simple derritió la cima del monte Sinaí y calcinó sus piedras en la historia bíblica de Éxodo 19.

El contacto físico de su poder con los elementos físicos de la tierra podría ser tan destructor que debe mantener una distancia de cuando menos tres metros.

Por otra parte, de acuerdo a ciertos teólogos, el Creador del Universo habita en el tercer cielo, un lugar exclusivo donde se encuentra el Kisé HaKabód, el Trono de Gloria.

Moisés, Elías y todos los que han sido partícipes de los bienes venideros, se encuentran en el Paraíso, recordando las palabras del Mashíaj en Lucas 20:38 cuando dijo: *"HaShem no es Adonai de muertos, sino de vivos, porque para él, todos viven."*

Cántico Gradual. (Salmo 120:1)

Le dijo rabbi Hisda a uno de los rabinos que leía delante de él la Hagadá, que son las leyendas judías: "¿Con qué propósito compuso David los quince Salmos Graduales, que comprenden del Salmo 120 al Salmo 134?"

Le respondió en nombre de rabbi Yohanan: "Cuando David cavaba debajo del altar para obtener agua, el agua salió a borbotones, lista para inundar el mundo entero; entonces compuso los quince Salmos Graduales, y mediante esos Salmos pudo contener la inundación."

(TS, Capítulo V, Mishná II)

COMENTARIO

El agua fluyendo debajo del altar es un recurso utilizado en Ezequiel 47 para describir un río que traerá sanidad a las naciones cuando se manifieste el Mashíaj. Este mismo subterfugio es retomado en Apocalipsis 22:1 cuando dice: *"Y me mostró un río de agua de vida, transparente como un cristal que fluye del trono."*

Sabemos que el agua viva la tiene Hu HaTejiyá VeHaJaím, Aquel que es la Resurrección y la Vida, pero el Talmud nos dice cómo activarla: Si David contuvo la inundación, es decir, si retuvo el derramamiento de la unción por medio de los Salmos, de la misma manera podemos obtener la plenitud espiritual.

Primero cavando en el altar, es decir, acercándonos al Señor mediante el estudio de las Sagradas Escrituras, de la oración y de nuestra perseverancia semanal asistiendo a nuestras congregaciones;

Una vez que hemos encontrado las aguas debajo del altar, debemos dejarlas fluir hasta que llenen nuestro espíritu mediante la adoración, tal y como lo hacía el rey David.

Alzaré mis ojos a los montes, de donde vendrá mi socorro. (Salmo 121:1)

Rabbi Zera dijo: "Nuestros ancestros se postraron hacia el Este, reverenciando al Sol, pero nosotros nos postramos solamente delante del Eterno, y nuestros ojos se levantan con esperanza hacia el Señor."

(TS, Capítulo V, Mishná II)

COMENTARIO

Muchas veces he escuchado la misma excusa cuando intento convencer a alguien sobre las promesas de la vida venidera que recibimos lo seguidores del Mashíaj. Argumentan que sus abuelitos siguieron tal o cual religión y que no pueden traicionar la fe de la familia.

El Talmud nos enseña que aunque nuestros ancestros hayan seguido prácticas abominables o no, Neemán Hu HaKoré, Fiel es el que Llama.

Por otra parte, no importa lo que hayamos hecho en el pasado siempre y cuando perseveremos en el Camino de la Resurrección, porque como 2 Corintios 5:17 dice: "*nueva creación somos.*"

Justo es Adonai en todos sus caminos, y Misericordioso en todas sus obras. (Salmo 145:17)

Rabbi Aha el hijo de Hanina dijo: "La frase que en Miqueas 7:18 dice:

Que perdonas el remanente de su heredad.

"Significa que el —remanente— es como una cola gorda de una oveja árabe con una espina atravesada, que se clava en aquellos que le quieren echar mano, porque el Uno Santo bendito sea —perdona el remanente de su heredad— pero, ¿no perdona a toda su heredad?"

"¿Y a qué se refiere con remanente? Solamente aquellos que se comportan como un remanente, es decir, de manera modesta."

Rabbi Huna apunta una contradicción: "En el citado Salmo 145:17 está escrito: —Justo es Adonai en todos sus caminos—, mientras que en el mismo pasaje añade: —Y Misericordioso en todas sus obras—."

"Esto quiere decir que en un principio es solamente Justo, pero después se hace Misericordioso, porque se da cuenta que la estricta justicia es demasiado severa para la humanidad, y por eso balancea la justicia con la piedad."

Rabbi Elazar también mira una contradicción de lo que dice rabbi Aha: "En el Salmo 62:12 está escrito:

Y de ti, oh Señor, es la misericordia; porque tú pagas a cada uno conforme a su obra.

"Debemos entender entonces que al principio el Señor le paga a cada quien respecto —a su obra—, pero al final es misericordioso."

Yilfi también apunta una contradicción similar: "En Éxodo 34:6 está escrito:

Grande en benignidad y verdad.

"De modo que podemos dar una explicación similar a las de rabbi Huna y rabbi Elazar."
(TR, Capítulo I, Mishná II)

COMENTARIO

Estas ideas las podemos entender a la luz de una revelación mucho mayor: el Antiguo y el Nuevo Pacto. En el Antiguo Pacto, el Eterno muestra una personalidad iracunda y destructora, porque la justicia la ejercía estrictamente bajo la ley, de modo que sucedía lo que Hebreos 12:20-21 dice: "*no podían soportar lo que se mandaba: Si aun una bestia tocare al monte, será apedreada. Y tan terrible era lo que se veía, que Moshe dijo: Estoy aterrado y temblando.*"

En el Nuevo Pacto, Hebreos 12:22-24 dice que nos hemos "*acercado al monte de Sión y a la ciudad de Elohim Jaím, de Quien está Vivo, a las Miríadas de ángeles, a la Asamblea de los primogénitos registrados en los cielos, a Adonai, Shofet HaKol, Juez de Todos y a Yeshúa.*"

De modo que la misericordia del Creador del Universo en el Nuevo Pacto sobrepasa en mucho el juicio mostrado en el Antiguo Pacto.

PROVERBIOS

Engrandécela, y ella te engrandecerá. (Proverbios 4:R6R)

Los rabinos no sabían cómo traducir del hebreo la palabra —Engrandécela—, *Salseleha* (סַלְסְלֶהָ).

Un día los rabinos escucharon al sirviente de Rabbi que le decía a un hombre que jugaba presuntuosamente con su cabello: "¿Cuánto tiempo te —engrandecerás— *mesalsel* (מסלסל), con tu cabello?"

Los rabinos no sabían el significado de lo que el Salmo 55:22 dice:

Echa sobre Adonai tu carga, y Él te sustentará.

Sobre todo de la traducción de la palabra —carga—, *yehabeja* (יְהָבְךָ).

Dice Rabba bar bar Hana: "Un día fui con una caravana de un comerciante árabe, y llevaba una —carga— conmigo."

"El comerciante me dijo: —Dame tu *habeja* y ponla en mi camello—." (TR, Capítulo III, Mishná II)

COMENTARIO

Hay términos hebreos en la Biblia de los cuales se desconoce completamente su significado. Esto por supuesto hace que cada traducción cambie algunas palabras de acuerdo al teólogo que la está realizando.

El Talmud nos muestra cómo los rabinos entienden ciertas palabras con base al uso popular que se hace de ellas, y es que a veces la memoria colectiva es más útil que un diccionario. Por otra parte, nos hace entender lo que el rabino Pablo quiso decir cuando en Romanos 11:33 escribió: "¡Oh, profundidad de las riquezas, sabiduría y conocimiento del Eterno! ¡Cuán insondables son sus juicios, e inescrutables sus caminos!"

La Palabra Revelada de HaJajám Lebadó, de Aquel que es Sabio por sí Mismo, es profunda y compleja, y debe discernirse en un grupo congregacional para no errar su significado.

Para hacer que los que me aman, hereden hacienda, y yo llenaré sus tesoros. (Proverbios R6R:21)

Los rabinos enseñaron: "Hillel el Viejo tenía ochenta discípulos: treinta eran dignos de que la *Shejiná* descansara sobre ellos como lo hizo con Moisés nuestro Maestro."

"Treinta más eran dignos de que el sol se detuviera a su voluntad, como lo hizo delante de Josué el hijo de Nun."

"Veinte eran mediocres."

"El más grande de sus discípulos era Yonathan ben Uziel, y el menor de ellos era rabbi Yohanan ben Zakai."

"Se dice de rabbi Yohanan ben Zakai que no dejaba el estudio de la Toráh, la *Mishná*, la *Guemará*, las *Halajót*, las *Hagadót*, las observancias bíblicas ni las observancias de los escribas, fueran éstas observancias clementes o vigorosas."

"Conocía las analogías de expresión, los equinoccios, la geometría, el lenguaje de los ángeles, el lenguaje de los espíritus inmundos y el lenguaje de los árboles."

"Era docto en fábulas que hablaban sobre grandes cosas, como las carrozas celestiales, pero también era docto en las cosas pequeñas, como las discusiones entre Abaye y Rabha."

"Con él se confirmó lo que en el citado versículo de Proverbios está escrito: —los que me aman—."

"Si rabbi Yohanan ben Zakai era el menos avanzado de todos los discípulos de Hillel, ¿cómo sería el mayor de todos?"

"Se dice que cuando Yonathan ben Uziel estudiaba la Toráh, si un pájaro pasaba por encima de él, caía al suelo quemado."

(TS, Capítulo II, Mishná VIII)

COMENTARIO

En Lucas 10:27, el Moré, el Maestro, nos manda *"amar a HaShem de todo nuestro corazón y con toda nuestra alma y con todos nuestros bienes."*

Amarle con nuestra alma es amarle con nuestro

entendimiento, es decir, comprometernos en un estudio sistematizado de su Palabra. Cuando nos comparamos con estos hombres que dedicaron su vida a profundizar en el conocimiento de JabaYah, de Aquel que Oculta, nos percatamos de lo poco que le amamos.

Hacer justicia y juicio es al Señor más agradable que sacrificio. (Proverbios 21:3)

Rabbi Elazar dijo: "Hacer caridad es mejor que todos los sacrificios, como dice el citado versículo de Proverbios."

"Pero hacer favores es todavía más grande que la caridad, como Oseas 10:12 dice:

Sembrad para vosotros en justicia, segad para vosotros en misericordia.

"Si un hombre —siembra—, es muy dudoso que vaya a comer de su siembra, pero si —siega— seguramente comerá de ello. Así también sucede con la caridad: algunas veces se recibe recompensa, otras no, pero cuando hacemos un favor siempre recibimos recompensa."

"La caridad, por otra parte, es recompensada de acuerdo a la bondad con la que se ha hecho."

Los rabinos enseñaron: "En tres aspectos hacer favores es mejor que la caridad: La caridad se hace solamente con dinero, pero hacer favores se puede hacer sea con dinero o con otras cosas; la caridad se la hace solamente a la gente pobre, pero hacer un favor se lo puede hacer tanto a ricos como a pobres; la caridad es solamente para los vivos, pero hacer favores puede ser tanto para vivos como para muertos."

Dice rabbi Elazar: "Quien hace caridad y juicio es como si llenara el mundo entero con bondad, como en el Salmo 33:5 dice:

Él ama justicia y juicio: De la misericordia de Adonai está llena la tierra.

"Por eso, a quien hace caridad se le da la oportunidad de hacer también justo juicio, como en el Salmo 36:7 está escrito:

¡Cuán preciosa, oh Adonai, es tu misericordia!

"Pero es diferente con un hombre temeroso del Cielo, como el Salmo 103:17 dice:

Mas la misericordia de Adonai desde la eternidad y hasta la eternidad sobre los que le temen.

Rabbi Hama bar Papa dice: "Un hombre que encuentra favor y gracia a donde va, es un hombre que ciertamente teme al Eterno, como el citado Salmo dice: —La misericordia de Adonai es sobre los que le temen—."

(TS, Capítulo IV, Mishná IV)

COMENTARIO

Mi abuela era una mujer de oración temerosa del cielo. La gente la llamaba "Quetita" y normalmente la consultaban para pedirle consejos religiosos. En una ocasión, exhortó a una mujer a que fuera caritativa con los pobres. La mujer se fue pensando dónde podía encontrar un necesitado. Cuando llegó a su casa se acercaron a ella unos limosneros y la mujer exclamó: "Aquí están los pobres de los que me habló Quetita."

La caridad debemos aplicarla a todo aquel que nos pida sin endurecer nuestros corazones. Marcos 14:7 dice: "A los pobres siempre tendréis con vosotros, y cuando queráis les podéis hacer bien."

No obstante, el Talmud nos quiere llevar más allá de la simple caridad: a la caridad con bondad, a la caridad con justicia, a la caridad, en fin, como un favor, no solamente al pobre, sino a toda la gente que tiene necesidad. Porque el que va más allá de la caridad, recibe más grande recompensa de JaníEl, de Aquel que Favorece.

$$\approx \quad \text{⚬} \quad \approx$$

Abre su boca con sabiduría; y la ley de misericordia está en su lengua. (Proverbios 31:26)

Rabbi Elazar anota: "El citado versículo de Proverbios dice: —su boca con sabiduría— y: —la ley en su lengua—. ¿Hay dos leyes, una que es bondad y otra que no lo es?"

"Quiere decir que si uno estudia la Toráh en honor del Señor, es una ley de bondad y misericordia; pero si alguien estudia la ley por mero interés de recibir algo del Señor, entonces no es una ley de bondad."

De acuerdo a otros rabinos: "Si estudia la Toráh para enseñar, es una ley de bondad; pero si la estudia para sí mismo, entonces no lo es." (TS, Capítulo IV, Mishná IV)

COMENTARIO

Muchas personas se acercan erróneamente al Camino de la Salvación esperando recibir toda clase de bendiciones: económicas, académicas, sociales y hasta políticas. Si bien es cierto que Elohim HaMalé Rajamím, que Adonai Lleno de Misericordias, prácticamente arregla la vida de los individuos que le buscan de todo corazón, no lo hace cuando la ecuación se invierte.

Primero le buscamos, demostrando con nuestra perseverancia que nuestro anhelo es conocerle de una manera más profunda y más real y como resultado de esa búsqueda, que es un proceso de varios años, nuestra vida empieza a mejorar, pero empieza a mejorar primero espiritualmente, luego materialmente.

De modo que pareciera que hay dos leyes, como dice el

rabino Elazar, y acorde con esta postura, Romanos 8:2 dice que: *"la ley del Espíritu de Vida en el Mashíaj Yeshúa te ha librado de la ley del pecado y de la muerte."*

Para poder participar entonces de la ley del Rúaj Jaím, del Espíritu de Vida, debemos buscarle desinteresadamente y con el afán de enseñar a otros lo que hemos aprendido y que ha resuelto nuestras vidas.

CANTARES

¡Cuán hermosos son tus pies en las sandalias, oh hija de príncipe! Los contornos de tus muslos son como joyas. (Cantares 7:1)

Rabha leyó: "—Cuán hermosos son los pies— de Israel cuando peregrinan a un festival. Porque —hija de príncipe— es como decir: Hija de Abraham nuestro patriarca, que en el Salmo 97:10 es llamado príncipe:

Los príncipes de los pueblos se han reunido, aun el pueblo del Señor de Abraham.

"¿Y por qué dice —el Señor de Abraham—, debiendo decir: Señor de Abraham, Isaac y Jacob? Significa que Abraham fue el primero de los prosélitos."

Los discípulos de rabbi Anan enseñaron: "En el citado versículo de Cantares dice: —los contornos de tus muslos—, porque como los muslos están en un lugar oculto, así las palabras de la Toráh deben estar también escondidas."

Es similar a lo que rabbi Elazar dijo: "En Miqueas 6:8 dice:

Oh hombre, Él te ha declarado lo que es bueno, y ¿qué pide Adonai de ti? Solamente hacer justicia, y amar misericordia, y caminar humildemente con tu Señor.

"Enterrar a los muertos y llevar al novio debajo de la *kupá* es cumplir con las palabras del citado versículo de Miqueas, porque si las cosas que se hacen en público, se las hace de manera subrepticia, cuánto más las cosas que normalmente se hacen en privado." (TS, Capítulo IV, Mishná IV)

COMENTARIO

Como seguidores del Camino de la Salvación tenemos una mayor responsabilidad de guardar nuestra santidad y nuestros deberes religiosos, para que nuestras "sandalias" puedan ser dignas de estar delante de su presencia, tal y como Efesios 6:15 dice: *"y calzados los pies con el apresto del mensaje de la promesa de paz y de la redención."*

Los versículos que más han tocado nuestras vidas los debemos guardar en lo profundo de nuestros corazones como si fuera algo íntimo, porque representan nuestra relación personal con ElíJaba, con Aquel que Esconde, pero también porque la demás gente difícilmente entenderá el significado personal de esas palabras.

ISAÍAS

Decid al justo que le irá bien; porque comerá del fruto de su trabajo. (Isaías 3:10)

Los rabinos enseñaron: "Sucedió que apostató Miriam, hija de Bilga, fundador de la Orden de Bilga, pues se casó con un oficial del reino de los griegos."

"Cuando los griegos entraron en el Templo, ella tomó sus sandalias y golpeó con ellas el altar diciendo: —Lucus, Lucus, ¿por cuánto tiempo destruirás la economía de Israel ya que no puedes ayudarlos con sus problemas?—."

"Cuando lo sagues escucharon esto, ayunaron en círculo bloqueando la ventana."

"También sucedió que la Orden de Bilga siempre llegaba tarde, así que fue sustituida por la Orden de Yeshebab, su hermano."

"Los seguidores de Bilga se beneficiarion, porque tomaban su quehacer en el Templo siempre hacia el Sur, mientras que los de su hermano Yeshobab miraban hacia el Norte."

"Es correcto que castigaran a la Orden de Bilga por llegar tarde al Templo, ¿pero Bilga debía ser castigado por la apostasía de su hija Miriam?"

Dice Abaye: "Sí, porque la gente dice que los niños hablan en la calle, y son oídos por su padre y por su madre."

"¿Pero la Orden completa debía ser castigada por el pecado de sus padres?"

Dice Abaye: "Ay de los pecadores, y ay de aquellos que siguen a los pecadores; al —justo le irá bien— y también le irá bien a su seguidor, como está escrito en el citado versículo de Isaías." (TS, Capítulo V, Mishná VI)

COMENTARIO

Un buen ministro guiará a su congregación por el Camino de la Vida Eterna; un mal ministro los llevará a la perdición. Filipenses 3:2 dice: *"Guardaos de los perros, guardaos de los malos obreros, guardaos de los mutiladores."*

El fiel debe discernir que en el lugar donde se congrega se predique la sana doctrina, es decir: donde no se prediquen las Buenas Nuevas buscando ganancias deshonestas, sino donde se confiese a Yeshúa HaMashíaj como el único Salvador y donde se tenga en cuenta que Ehad HaAb Asher

HaKol Mimenu, que Sólo hay un Padre, de Quien Procede Todo, VeEhad Yeshúa HaMashíaj, Asher HaKol al Yadav, y un Salvador el Ungido, a Quien se le dio Todo en la Mano, VeEhad HaRúaj, y un Espíritu.

❦ ❦ ❦

A todos los sedientos: Venid a las aguas. (Isaías 55:1)

Los discípulos de rabbi Ishmael enseñaron: "Si la pestilencia te ataca, como el Salmo 91:6 dice:

Pestilencia que ande en oscuridad.

"Ve a la Casa de Lectura Bíblica; porque si la pestilencia es como una piedra, se convertirá en polvo, y si es como hierro, se romperá en pedazos."

"Si es como una piedra, será como tierra, tal y como dice el citado versículo de Isaías: —Si tienes sed, ven a las aguas—, porque las aguas, que significan el estudio de la Toráh, destruyen la piedra, como en Job 14:19 dice:

Las piedras son desgastadas con el agua.

"Y si la pestilencia es como hierro, se romperá por lo que Jeremías 23:29 dice:

¿No es mi palabra como fuego, dice Adonai, y como martillo que quebranta la piedra?

Dice rabbi Samuel bar Nahmani en el nombre Yonathán: "El ángel malvado tienta al hombre en el mundo, dando testimonio en el Mundo Venidero, como en Proverbios 29:21 dice:

El que con cuidado cría a su siervo desde su niñez; a la postre éste vendrá a ser su Manón.

"Y de acuerdo a rabbi Hiya, al testigo en el hebreo se le llama *manón* (מנון)." (TS, Capítulo V, Mishná II)

COMENTARIO

Uno de los líderes de nuestra congregación a menudo me decía que podía oler el pecado de las personas, y que dependiendo de cada pecado, percibía diferentes olores, hediondos y pestilenciales.

La historia del líder está vinculada con la metáfora que hacen los talmudistas de la tentación del pecado con la pestilencia. Sin embargo, nos dan la respuesta para poder resistir la tentación: el estudio bíblico, al que comparan con el agua.

Esta comparación acerca del agua la utiliza Yeshúa HaMashíaj en la historia de Juan 4:14, cuando se encuentra con una samaritana y le dice: "*pero el que bebiere del agua que yo le daré, no tendrá sed jamás, sino que el agua que le daré será en él una fuente de aguas que salte a borbotones para vida eterna.*"

De modo que el agua tiene un doble significado para el seguidor del Camino de la Vida: por una parte es la frescura que trae la lectura de las Sagradas Escrituras, pues es el alimento espiritual que por decirlo de alguna manera, riega la planta de fe que crece en nosotros, pero también es su Rúaj HaKabód, Rúaj Elohim, su Espíritu de Gloria, el Espíritu de Adonai que mora en nosotros y nos ayuda a vencer toda tentación.

Así podemos decir que contamos con dos herramientas indispensables para resistir el pecado: la lectura bíblica, que nos llevará a fortalecer nuestra relación con el Aba, con el Padre, y que nos dará abundancia de su Espíritu para poder vencer en el momento de la tentación y de la prueba.

Engruesa el corazón de este pueblo; no sea que oiga con sus oídos, y su corazón entienda, y se convierta, y sea sanado. (Isaías 6:10)

Rabbi Yohanan dice: "Grande es el arrepentimiento, porque evita el mal decretado en contra de un hombre, como el citado versículo de Isaías dice: —Y sea sanado—."

Rabbi Papa preguntó a Abaye: "Cuando dice: —Y se convierta—, ¿no quiere decir que el arrepentimiento debe hacerse antes de que el mal sea decretado?"

Respondió rabbi Papa: "Está escrito: —Sea sanado—. ¿Qué se requiere entonces para recibir la sanidad? Solamente puedo decir que en contra del juicio se ha pronunciado la sanidad."

Se levanta una objeción que parte de la Boraitha que dice: "Es perdonado quien se arrepiente entre *Rosh HaShaná* y *Yom Kippur.*"

"Pero si no se arrepiente, aunque ofrezca el sacrificio más escogido, no es perdonado."

"De modo que podemos decir que el decreto es anulado cuando se trata del pecado de un individuo, mientras que no se anula cuando es un pecado comunitario."

Pero sigue habiendo una contradicción con base a la Boraitha del Salmo 107:23-28 que dice:

Los que descienden al mar en navíos, han visto las obras de Adonai, porque hizo levantar el viento tempestuoso. Entonces claman al Señor en su angustia, y Él los libra de sus aflicciones.

"El citado Salmo indica que si claman antes de que el mal haya sido decretado, serán librados de —sus aflicciones—, pero si lo hacen después, ya no hay remedio."

"¿Esto contradice la Boraitha que habla de los pecados comunitarios? No, sino que quienes andan en navíos no son considerados una comunidad, sino individuos."

(TR, Capítulo I, Mishná II)

COMENTARIO

El punto nodal de los seguidores del Camino de la Resurrección es el arrepentimiento, tal como Marcos 1:4 dice: "*Apareció Yojanán en el desierto, haciendo inmersión en agua, y proclamando la purificación de arrepentimiento para perdón de los pecados.*"

Pero, ¿qué es el arrepentimiento? Es un término derivado del verbo hebreo *Shab* (שׁב), que traducimos simplemente como "regresar." Es decir, debemos dejar nuestras malas obras y regresar a los caminos rectos de Adonai HaKadosh VaAmiti, de Adonai el Santo y Verdadero.

Muchos confunden el arrepentimiento con la culpa: el arrepentimiento es simplemente dejar de hacer la mala obra y no volverla a realizar. La culpa es sentirse mal por el pecado que cometimos. La culpa sin arrepentimiento no tiene valor alguno delante del Eterno. El arrepentimiento, en cambio, aunque sea sin culpa, nos acerca a Kisé HaKabód, a su Trono de Gloria.

El Creador del Universo, en su misericordia, nos permite arrepentirnos mientras tenemos vida, pero una vez que se ha decretado el mal sobre nosotros, una vez que se nos ha reclamado el espíritu, no hay manera entonces de cambiar el decreto que nos salva o nos condena, como claramente Apocalipsis 10:6 dice: "*que el tiempo no sería más.*" Es decir, que el tiempo para regresar al Camino de la Salvación se habrá terminado.

Hablarás desde la tierra, y tu habla saldrá del polvo. (Isaías 29:4)

Rabbi Yehuda bar Idi dijo en el nombre de rabbi Yohanan:

"De acuerdo a una explicación rabínica de ciertos pasajes escriturales, la *Shejiná* hizo diez jornadas, y de acuerdo a la tradición, el mismo número de veces el *Sanhedrín* fue exiliado."

"Los lugares de exilio son: De la celda Gazith en el Templo al mercado, del mercado a Jerusalén, de Jerusalén a Yamnia, de Yamnia a Usha, de Usha de vuelta a Yamnia, de Yamnia de vuelta a Usha, de Usha a Shafram, de Shafram a Beit Shearim, de Beit Shearim a Séforis, de Séforis a Tiberias y en Tiberias fue lo más triste de todo, como en el versículo de Isaías dice: —Tu habla saldrá del polvo—."

(TR, Capítulo IV, Mishná IV)

COMENTARIO

En términos rabínicos, la Shejiná es Mishcán Kebod Elohim, la Habitación de la Gloria de Adonai, es decir, su presencia manifiesta.

Si bien, el pueblo de Israel debía tardar en llegar a la tierra prometida algunos meses, su estancia en el desierto se alargó por cuarenta años debido al pecado imperante de los israelitas.

Durante estos cuarenta años, fueron de un lugar a otro; y de acuerdo a algunos rabinos, estas jornadas sumaron un total de diez.

Los talmudistas vinculan el número de jornadas al número de veces que el Sanhedrín, el Consejo de Jueces, tuvo que cambiar de residencia durante la ocupación romana, hasta que finalmente fue disuelto en Tiberias.

La corrupción del Sanhedrín en los tiempos del Templo de Herodes era una constante de corrupción y de pobreza espirituales.

El mensaje a nuestras vidas es claro, como Hebreos 4:11 dice: *"Procuremos no caer en el mismo ejemplo de desobediencia"* para que nuestra vida no se convierta en un exilio interminable.

Bienaventurados todos los que esperan en Él. (Isaías 30:18)

Ezequías dijo en el nombre de rabbi Jeremías, citando a rabbi Shimeon bar Yojai: "Desde el día que nací hasta ahora, puedo evitar que el mundo entero sea destruido en el día del Juicio Final."

"Y si mi hijo Eliezer estuviera conmigo, podría evitar el Juicio Final a todos los hombres desde que el mundo fue creado hasta ahora."

"Y si el rey Jotam hijo de Uzías estuviera con nosotros, podríamos evitar el Juicio Final a todos los hombres desde la creación del mundo hasta su final."

Vuelve a decir en nombre de las mismas autoridades: "Veo que los grandes hombres en el mundo son pocos."

"Si fueran mil, mi hijo y yo estaríamos incluidos; si fueran un ciento, mi hijo y yo estaríamos incluidos, y si fueran solamente dos, seríamos mi hijo y yo."

Dice Abaye: "No hay sino treinta y seis hombres rectos en todo el mundo que reciban la presencia de la Shejiná todos los días, como en Isaías está escrito: —Bienaventurados todos los que esperan en Él—."

"Y —en Él— (לו) en hebreo se contabiliza treinta y seis."

(TS, Capítulo IV, Mishná II)

COMENTARIO

Antes que nada, debemos entender que aunque parezca que está hablando rabbi Ezequías, en realidad está hablando el rabino Shimeon bar Yojai, porque habla en nombre de él. Esto lo sabemos porque se hace mención su hijo, Eliezer.

Ahora bien, como hemos mencionado en el *Tomo I: Tratado de Shabbath, el Talmud y la Sabiduría Rabínica a la Luz de las Enseñanzas de Yeshúa HaMashíaj* (Ayala, 2011: 83), el rabino Shimeon bar Yojai y su hijo Eliezer estuvieron escondidos once años en una cueva huyendo del imperio

Romano. Durante ese tiempo se dedicaron de lleno a la oración y a la lectura bíblica. Cuando finalmente salieron de su encierro, sus oraciones eran tan poderosas, que hacían descender fuego del cielo en juicio sobre los pecadores.

De este modo, si tenían la capacidad de traer juicio sobre el mundo, también la tenían para detenerlo.

Sin embargo, es importante recalcar que a pesar de su santidad, no tenían el empuje para salvar a toda la humanidad, sino que se habrían necesitado sumar a su intercesión otros justos.

Adonai Erej Apaim VeGadol Cóaj VeNaqué, Adonai Tardo para la Ira y Grande en Poder Puro, nos ha encomendado usar nuestra boca para bendecir y para interceder, no para maldecir.

La respuesta a nuestra intercesión es proporcional a nuestra santidad, y nuestra santidad recibirá un galardón grande en los cielos, como Apocalipsis 14:3 habla de los *"ciento cuarenta y cuatro mil que no se contaminaron con mujeres sino que siguen al Cordero, por dondequiera que va."*

Si la santidad de un rabino y su intercesión pueden postergar el día del Juicio, cuánto más la sangre preciosa de Yeshúa HaMashíaj es capaz de salvar a la humanidad de todos los tiempos, mediante la confesión de su nombre.

En vez de bronce traeré oro, y por hierro plata, y por madera cobre, y en lugar de piedras, hierro. (Isaías 60:17)

Rabbi Yohanan dice: "Quien estudia la Toráh y enseña en un lugar donde no hay alguien más que lo haga, es igual a un mirto en el desierto, que es muy amado."

Volvió a decir: "Ay de los romanos, para quienes no se les sustituirá nada de lo que está escrito en el citado versículo de Isaías, ni —bronce—, ni —hierro—, ni —madera—."

"¿Pero qué les pudo sustituir el Eterno a rabbi Akiba y a sus camaradas que fueron destruidos en Roma? De ellos se escribió lo que Joel 3:21 dice:

Y limpiaré su sangre que aún no he limpiado.

"Así —limpiará la sangre— de rabbi Akiba y de sus camaradas." (TR, Capítulo II, Mishná II)

COMENTARIO

La labor de evangelización que las denominaciones ortodoxas, como luteranos, bautistas o presbiterianos, realizaron durante la expansión colonialista europea, sentó el precedente para el paulatino crecimiento del Camino de la Salvación.

Podríamos pensar entonces que una labor evangélica en la actualidad tendría que irrumpir dentro de los grandes fundamentalismos de nuestra era, llámese Islam, Budismo o Catolicismo Romano.

Sin embargo, Jai Roí, el Viviente que Ve, bendecirá sustituyendo el bronce, el hierro y la madera, como dice el Talmud, a quienes enseñan la fe a sus parientes en sus casas, a sus amigos en reuniones, en fin, a sus compañeros de trabajo en sus faenas.

Así, si empezamos por nuestro círculo más íntimo, de una manera personal, el evangelio crecerá más y más hasta llegar a los confines de la tierra.

La gran empresa evangelística del siglo XXI comienza con una relación personal, con una persona primero, y luego con otra.

De esta manera podremos llegar al mundo entero.

Como Romanos 10:17 dice: *"Así que la fe viene cuando predicamos la promesa de la redención y esa promesa de redención es anunciada cuando proclamamos al Mashíaj."*

JEREMÍAS

Así dice Adonai: No aprendáis el camino de las gentes, ni de las señales del cielo tengáis temor, aunque las gentes las teman. (Jeremías 10:2)

Los rabinos enseñaron: "Un eclipse de sol es un presagio de enfermedad para el mundo entero."

"¿A qué se asemeja un eclipse de sol? A un rey humano que hace un banquete a sus siervos, y que coloca una gran linterna delante de ellos. El rey de pronto se enoja y le dice a su sirviente: —Apaga la luz de la linterna, para que se sienten en la oscuridad —."

Hemos aprendido en una Boraitha, que rabbi Meir dijo: "Cuando el sol y la luna se eclipsan, es una mala señal para los enemigos de los israelitas, porque los israelitas están acostumbrados a los problemas."

"Es igual a un profesor que viene de la escuela con la vara en la mano para azotar a sus estudiantes. ¿Quién le tiene más miedo? Sus alumnos ya están acostumbrados a la vara, y no les da miedo. Esto sucede cuando Israel no hace la voluntad de su Creador, pero cuando hacen su voluntad, no tienen nada que temer, como el citado versículo de Jeremías dice: —Ni de las señales del cielo tengáis temor—."

Los rabinos enseñaron: "Por causa de las siguientes cuatro cosas el sol se eclipsa: Cuando muere un gran juez y no es lamentado debidamente; Cuando están abusando de una virgen que da voces en la ciudad pero nadie la ayuda; Cuando hay vicios en contra de la naturaleza y cuando dos hermanos son asesinados el mismo día."

"Por causa de las siguientes cuatro cosas, el sol y la luna se eclipsan: Falsificación; Testigos falsos; Cuando se cortan las frutas inmaduras de los árboles y cuando las ovejas y las cabras se mantienen en Palestina."

"Por cuatro cosas la propiedad de un hombre es confiscada por el gobierno: Cuando no se guardan las notas pagadas; Por usura; Cuando un hombre tiene el poder de prevenir una atrocidad pero no lo hace y cuando se promete hacer misericordia con el pueblo, pero no la hace."

Rabh dijo: "Por cuatro cosas la propiedad de un hombre es destruida: Cuando retiene a sus trabajadores por largo tiempo sin pagarles; Por robar a sus trabajadores; Cuando los extranjeros se liberan del yugo de sus cuellos, pero ponen los yugos en los cuellos de sus vecinos y por la arrogancia."

"Y la arrogancia es la peor de todas, porque para quienes son mansos y humildes en Palestina, se escribió lo que el Salmo 37:11 dice:

Pero los mansos heredarán la tierra, y se recrearán con abundancia de paz.
(TS, Capítulo II, Mishná X)

COMENTARIO

La visión del eclipse como la plantea el Talmud es como la analogía de un luto celestial, reflejo de las malas acciones de los seres humanos, y más en particular, de acciones con connotaciones morales que afectan los cimientos cívicos de la población.

En Mateo 27:45 tenemos la mención de que cuando Yeshúa HaMashíaj estaba sufriendo los martirios de la cruz, "cayó sorpresivamente una densa oscuridad en la tierra de Israel." Algunos teólogos han llegado a pensar que se trató incluso de un eclipse solar. Es decir, que fenómenos que responden a alineaciones planetarias, y que en la actualidad pueden predecirse con cierta facilidad gracias a los avances de la tecnología, también pueden estar vinculados a acontecimientos funestos en la vida diaria del ser humano.

No obstante, cualquier designio astral debe interpretarse de manera positiva para el pueblo de Osé Ash Kesil VeJimá VeJadrei Teman, de Aquel que Hace la Osa Mayor, el Orión, las Pléyades y los Lugares Secretos de Teimán.

Por otra parte, nos percatamos de que las discusiones rabínicas terminan enfocándose a la política imperante de aquellos tiempos, de modo que los eclipses son también una metáfora de la oscuridad espiritual de los gobiernos corruptos.

EZEQUIEL

Y aconteció en el año duodécimo de nuestro cautiverio, en el mes décimo, a los cinco del mes, que vino a mí uno que había escapado de Jerusalén, diciendo: La ciudad ha sido herida. (Ezequiel 33:21)

Dice rabbi Shimeon: "El Ayuno Décimo debe conmemorarse el 5 de *Tebet*, porque en ese día llegó la noticia a los exiliados que la ciudad había sido herida, como el citado versículo de Ezequiel dice: —A los cinco del mes—."

"Los exiliados guardaron el día en el que recibieron las noticias como si hubiera sido el mismo día en que el Templo fue quemado. Y me parece que mi opinión es satisfactoria, porque mencioné el orden en que la calamidad ocurrió."

(TR, Capítulo I, Mishná III)

COMENTARIO
El rabino Shimeon debate que la fecha histórica en que ocurre un suceso no es tan importante, sino el momento en que se recibe la noticia.

El 9 de Ab es una fecha que se ubica entre julio y agosto, mientras que el 5 de Tebet puede situarse entre diciembre o enero. ¡Hay seis meses de diferencia!

Por supuesto que el 9 de Ab, el día en que el Templo de Salomón fue quemado por las huestes babilónicas, es el día de luto nacional que sigue conmemorándose hasta el día de hoy.

La reflexión del rabino Shimeon, sin embargo, nos hace recapacitar en lo relevante de nuestras vidas como seguidores del Camino de la Salvación, porque muchas veces nos enredamos en las discusiones teológicas que buscan datar la fecha exacta en la que nació el Mashíaj, por ejemplo, o la edad que tenía cuando comenzó su ministerio, como Romanos 14:5 dice: *"Uno por cierto, piensa que un día es superior en relación con otro día, otro juzga que cada día tiene su valor."*

Debemos darnos cuenta que lo verdaderamente importante es el día en que nos convertimos en seguidores suyos; el día en que el Rúaj Olamim, Rúaj Yeshúa, el Espíritu Eterno, el Espíritu de Yeshúa vino a morar en nuestros corazones.

DANIEL

Y muchos de los que duermen en el polvo de la tierra serán despertados, unos para vida eterna, y otros para vergüenza y confusión perpetua. (Éxodo 12:2)

Hemos aprendido en una Boraitha que la casa de Shammai dijo: "Habrá tres divisiones de seres humanos en la Resurrección: Los completamente rectos; los completamente malvados y la clase promedio."

"El que es completamente recto será inscrito en un libro donde le será decretada vida."

"Los completamente malvados serán inscritos en otro libro y serán destinados a la Gehena, por lo que dice el citado versículo de Daniel: —Otros para vergüenza y confusión perpetua—."

"Los seres humanos promedio, los que se hallan entre los rectos y los malvados, descenderán a la Gehena, y luego que hayan llorado mucho subirán al Trono nuevamente, tal y como Zacarías 13:9 dice:

Y meteré en el fuego la tercera parte, y los refinaré como se refina la plata, y los probaré como se prueba el oro. Invocarán mi nombre, y yo les oiré.

"Acerca de este último tipo de personas, en 1 Samuel 2:6 Ana dice:

Adonai mata, y Él da vida: Él hace descender al sepulcro, y hace subir.

Pero la escuela de Hillel dice: "El Uno Misericordioso inclina la balanza de la justicia hacia el lado de la misericordia, y de este tercer grupo de personas que están entre los rectos y los malvados, en el Salmo 116:1 David dice:

Amo al Señor, pues ha oído mi voz y mis súplicas.

"Y las súplicas de David hacían referencia a este tipo de personas por lo que el Salmo 116:8 dice:

Pues tú has librado mi alma de la muerte.
(TR, Capítulo I, Mishná II)

COMENTARIO
El libro del Apocalipsis 3:16 dice: *"Pero como eres tibio, y no frío ni caliente, casi estoy por vomitarte de mi boca,"* y es que la persona que no toma la decisión firme de seguir a

Yeshúa HaMashíaj, en realidad no ha entendido el Camino de la Vida.

El tibio es la persona que algunas veces sigue a Hu HaDerej, VeHaEmét VeHaJaím, a Aquel que es el Camino, la Verdad y la Vida, y otras veces duda sobre el camino que debe tomar, pero también es la persona que cae en el mismo pecado una y otra vez, y que mientras sigue en pecado, pone en riesgo su salvación.

Si bien es cierto que el Aba, el Padre, renueva sus misericordias cada mañana, es paciente esperando que vengamos al arrepentimiento de nuestras obras muertas.

Sin embargo, si en el día de nuestro juicio andamos en el camino de la perdición, temamos entonces la perdición eterna de nuestras almas.

OSEAS

El espíritu de fornicaciones los ha engañado. (Oseas 4:12)

Rabh Huna muestra una contradicción: "En el citado versículo de Oseas dice: —El espíritu de fornicaciones los engañó—, pero más adelante, en Oseas 5:4 dice

Espíritu de prostitución está en medio de ellos.

"Al principio, los engaña, ¿y después se queda en medio de ellos?"

Rabha dice: "Al principio se le llama —viajero—, después se le llama —invitado— y finalmente —hombre—, como en 2 Samuel 12:4 dice:

Y vino uno de camino al hombre rico; y él no quiso tomar de sus ovejas y de sus vacas, para guisar para el viajero que había venido a él, sino que tomó la corderita de aquel hombre pobre, y la aderezó para aquél que había venido a él.

"Podemos asumir que está hablando del ángel malvado."
(TS, Capítulo V, Mishná II)

COMENTARIO

En una ocasión vi fumando a una amiga mía que no acostumbraba fumar. Cuando la previne diciéndole que era muy fácil caer en el vicio, me respondió que nada más se le había antojado un inofensivo cigarrillo.

El inofensivo cigarrillo, que se suponía era un gusto pasajero, se convirtió en un huésped diario en su vida para finalmente convertirse en una fuerte adicción. Desde el día que empezó con ese primer cigarro, batalló más de dos años para dejarlo.

Las empresas que generan vicios invierten millones de dólares para causar adicciones que la persona promedio no pueda dejar, y es que simplemente no contamos con el capital para contrarrestar un mal tan poderoso.

Así sucede con el pecado en nuestras vidas: pensamos que será algo momentáneo, y no nos damos cuenta que permanece más tiempo del que queremos, como Hebreos 3:13 dice: *"para que no se endurezca alguno de entre vosotros por el engaño de la mala acción."*

En este mismo sentido, el diablo utiliza sus mayores recursos para que seamos incapaces de luchar contra el pecado.

Guardémonos entonces de caer por primera vez en las ataduras del pecado, y si estamos ya atrapados en alguna concupiscencia, acerquémonos a Hu Yebatel Et Asher Ló MeMashelet HaMavet, a Aquel que Anulará al que tenía el Señorío de la Muerte.

MIQUEAS

A la que afligí. (Miqueas 4:6)

Rabbi Yohanan dijo: "Israel caería si no fuera por las promesas de tres versículos bíblicos."

"El primero es el versículo de Miqueas que dice: —A la que afligí—."

"El segundo es el de Jeremías 18:6 que dice:

He aquí que como el barro en la mano del alfarero, así sois vosotros en mi mano, oh casa de Israel.

"El tercero es el de Ezequiel 36:26 que dice:

Y quitaré de vuestra carne el corazón de piedra, y os daré un corazón de carne.

Rabbi Papa dice: "También hay que añadir el versículo de Ezequiel 36:27 que dice:

Y pondré dentro de vosotros mi Espíritu.
(TS, Capítulo V, Mishná II)

COMENTARIO

La mayoría de las tribulaciones nos son enviadas por PutiEl, Aquel que Aflige, para que recapacitemos sobre nuestros malos caminos y nos dejemos moldear de acuerdo a su voluntad.

Moldear nuestras vidas implica un cambio radical en nuestros corazones y en nuestra manera de pensar, porque al recibir su Rúaj, su Espíritu, nuestras vidas comenzarán a dar el fruto que en Gálatas 5:22-23 es descrito: *"amor, gozo, paz, longanimidad, benignidad, bondad, fidelidad, mansedumbre y dominio propio."*

Y Éste será nuestra paz. Cuando el asirio venga a nuestra tierra, y cuando pise nuestros palacios, entonces levantaremos contra él siete pastores, y ocho hombres principales. (Miqueas 5:5)

Los rabinos dijeron: "¿Quiénes son los —siete pastores?—. David en el centro; a su derecha Adán, Set, y Matusalén; y a su izquierda Abraham, Jacob y Moisés."

"¿Y quiénes son los —ocho hombres principales?—. Isaí, Saúl, Samuel, Amós, Sofonías, Sedequías, el Mesías Príncipe y Elías." (TS, Capítulo V, Mishná II)

COMENTARIO

A veces se levanta un enemigo que amenaza con dañar a nuestra familia, a nuestra comunidad e incluso a nuestra nación. No debemos temer, sino tener la seguridad de que Roé Israel, el Pastor de Israel, escogerá a las personas más aptas, más capaces y más dedicadas para protegernos.

La promesa de la seguridad en nuestras vidas la tenemos en Romanos 8:38-39 *"Por lo cual me ha sido absolutamente confirmado que ni muerte, ni vida, ni ángeles, ni gobernadores del presente, ni potestades por venir, ni lo alto, ni lo profundo, ni ninguna otra cosa creada podrá separarnos del amor del Señor, que es en el Mashíaj Yeshúa nuestro Adón."*

Él volverá, Él tendrá misericordia de nosotros; Él sujetará

nuestras iniquidades, y echará en lo profundo del mar todos nuestros pecados. (Miqueas 7:19)

La escuela de Hillel enseñaba: "Hemos aprendido en una *Boraitha* que quien está lleno de compasión, inclinará la balanza de la justicia hacia la misericordia. ¿Cómo puede hacer esto el compasivo?"

Rabbi Eliezer responde: "El compasivo presiona más sobre el lado donde se pesan las virtudes, tal y como dice el citado versículo de Miqueas: —suprimirá nuestras iniquidades—."

Rabbi Yoséf dice: "El Eterno arroja lejos nuestros pecados, como Miqueas 7:18 dice:

Perdonas la maldad, y olvidas el pecado.

Y fue enseñado en la escuela de rabbi Ishmael: "El verdadero significado de éstos versículos citados es que el Santo remueve cada primer pecado, de modo que ya no vuelve a haber segundo pecado, y esta interpretación es correcta."

Pero Rabha apunta: "El pecado en sí no es borrado, porque si más tarde se encuentra culpable a la persona porque se hallaron más pecados que virtudes, entonces el pecado que no ha sido borrado se añade a la lista de pecados."

"No obstante, quien es indulgente con quien le ha hecho mal, crea una excepción a lo que acabo de decir, porque efectivamente todos sus pecados serán perdonados, como dice el citado versículo de Miqueas: —Perdonas la maldad y olvidas el pecado—."

"¿Pero de quién remueve la iniquidad? De quien perdonó la transgresión que le hizo su prójimo."

Rabbi Huna ben rabbi Yehoshúa se sintió enfermo. Lo fue a visitar rabbi Papa y le dijo frente a todos los que estaban presentes: "Pon tu casa en orden."

Poco después se recuperó y a rabbi Papa le daba pena irlo a

visitar porque le había dicho que moriría.

Le preguntaron sus discípulos: "¿Por qué pensaste que estaba tan enfermo?"

Respondió: "Sí lo estaba, pero el Santo Uno, bendito sea, tomó la decisión de perdonarlo porque siempre fue un hombre indulgente con todos, como en el citado versículo de Miqueas está escrito: —Perdonas la maldad y olvidas el pecado—. ¿Y de quién —olvida el pecado—, de quien —perdona la maldad—."

(TR, Capítulo I, Mishná II)

COMENTARIO

El rabino Pablo hace una reflexión muy similar en 1 Corintios 13:3 cuando dice que *"si repartiera todas sus posesiones para dar de comer a los pobres, y si entregase su cuerpo para ser quemado, y no tiene caridad, de nada le sirve."* La compasión añade peso a las buenas obras para hacerlas mucho más excelsas.

En Lucas 19:11-26, Yeshúa cuenta la historia de un hombre noble que encarga diferente cantidad de monedas a tres de sus siervos. Cuando les pide cuentas, dos de ellos han negociado con las monedas y han multiplicado la cantidad de monedas, pero uno de ellos le devuelve la moneda tal como la recibió. El siervo es castigado quitándole la moneda y dándola al que obtuvo mejor interés de las monedas.

El Eterno añade virtud al que en su gran amor se interesa por los asuntos del Señor, pero añade castigo a quien no lo hace. La compasión puede incluso añadir largura de días a nuestra vida. Seamos indulgentes y compasivos.

Es tan grande la Bondad de Adonai, El Rajum VeJanún, de Adonai, Señor Piadoso y Misericordioso, que una vez que ha perdonado y olvidado nuestros pecados por los méritos de la sangre que el Mashíaj derramó en la cruz, cuando volvemos a caer en el mismo pecado, para el Señor es como si hubiéramos pecado por primera vez.

ZACARÍAS

Me mostró luego Adonai cuatro carpinteros. (Zacarías 1:20)

Dice rabbi Hanah bar Bizna en el nombre de rabbi Shimeon el Pío: "Los —cuatro carpinteros— que menciona el citado versículo de Zacarías son: El Mesías ben David; El Mesías ben Yoséf; Elías y *Cohen Tzedek*."
(TS, Capítulo V, Mishná II)

COMENTARIO

El judaísmo espera la construcción del Templo de Ezequiel antes del Olám HaBáh, del Mundo Venidero. Los carpinteros talmúdicos que lo erigirán son los Mesías, que el judaísmo considera que son dos: el Mashíaj ben Yoséf y el Mashíaj ben David; El profeta Elías, figura indispensable dentro de la cosmovisión judía y el Cohen Tzedek, el Sacerdote Justo, que será la persona que dirigirá en el Templo de Jerusalén.

Los seguidores del Camino de la Vida siguen debatiendo sobre la construcción del Templo de Ezequiel: Unos opinan que la construcción del Templo será una clara señal de que el Juicio está próximo; Otros opinan que el Templo de Ezequiel somos nosotros, como 2 Corintios 6:16 dice: "*Somos el Templo de Elohim Jaim, de Adonai Viviente.*"

Los seguidores del Camino de la Resurrección creemos que el Mashíaj ben Yoséf y el Mashíaj ben David son la misma persona. Más aún, Él mismo es el Cohen Gadol Elión, el Sumo Sacerdote Altísimo. La figura de Elías antecede el advenimiento del Mashíaj tanto para judíos como para los seguidores del Camino de la Salvación.

Amad, pues, la verdad y la paz. (Zacarías R6R:19)

Los rabinos enseñaron: "Para *Sukkót*, la Fiesta de los Tabernáculos, se necesitan tres ramas de mirto, dos ramas de sauce, una rama de palmera y una lima."

"Las ramas de mirto deben ser de las grandes ramas que cubren completamente el árbol."

Rabha dice: "Utilizamos las ramas de mirto por lo que en el citado versículo de Zacarías dice: —Amad la verdad y la paz—, porque el mirto es el emblema del amor y de la paz, por eso se lo incluye en el festival."

Los rabinos enseñaron: "Del mirto se toman las ramas que están retorcidas como si fueran una cadena."

"También se utiliza una lima grande y hermosa."

Hemos aprendido en la Boraitha de rabbi Yoséf: "Sucedió una vez que rabbi Akiba llegó a la Casa de Estudio con su lima. La lima era tan grande que la llevaba cargando en su espalda."

"Los sagues le dijeron: "Una lima tan grande no puede considerarse hermosa."

Comenta rabbi Yehuda: "Esto prueba que la belleza de la lima no depende de su tamaño."

(TS, Capítulo III, Mishná II-IV)

COMENTARIO

La finalidad de utilizar diferentes elementos en las celebraciones de las Fiestas a Adonai, es el de entender el simbolismo que representa cada uno de ellos.

Traer unas hojas de mirto a nuestra congregación, como menciona el Talmud, es desear la paz durante todo el año.

El Tsadik VeNoshá Hu Ani, el Justo y Humilde Salvador nos enseñó el significado de su cuerpo crucificado y de su sangre derramada en la cruz, como lo explica 1 Corintios 11:24 cuando dice: "Tomad, comed; esto es mi cuerpo: por vosotros es sacrificado; haced esto en memoria de mí."

Comemos pan recordando lo que Yeshúa HaMashíaj hizo por nosotros.

De igual manera en 1 Corintios 11:25, nos explica: *"Esta copa es el nuevo pacto en mi sangre; haced esto cada vez que la bebáis, en memoria de mí."* Bebemos de la copa recordando la sangre derramada en la cruz mediante la cual se concretó un nuevo pacto para todos los que confesamos el nombre del Mashíaj.

De ninguna manera creemos que estamos comiendo su cuerpo real en un rito antropófago, o bebiendo su sangre en alguna tendencia vampirista. Son actos simbólicos que nos recuerdan un acontecimiento.

Y mirarán a mí, a quien traspasaron, y harán llanto sobre Él, como llanto sobre unigénito, afligiéndose sobre Él como quien se aflige sobre primogénito. (Zacarías 12:10)

Rabbi Dosa y los rabinos difieren sobre la razón del lamento. Rabbi Dosa dice: "El lamento es por el Mesías, el hijo de Yoséf, que fue muerto."

Los rabinos dicen: "El lamento es por el ángel malvado, que fue muerto."

Argumenta rabbi Dosa: "De acuerdo al citado pasaje de Zacarías, —el unigénito y primogénito traspasado— son una clara mención al Mesías hijo de Yoséf."

"Además, si se tratara del ángel malvado, ¿por qué habría lamento? ¿No habría más bien gozo en vez de lloro?"

Rabbi Yehuda interviene: "En el futuro, el Santo Uno, bendito sea, tomará al ángel malvado y lo degollará en presencia de los justos y de los impíos."

"Los impíos lo verán como un cabello delgado, mientras que los justos lo verán como una gran montaña. Ambos llorarán."

"Los justos dirán: —¿Cómo pudimos contra el poder de esta gran montaña?—."

"Los impíos dirán: —¿Cómo fue que nos sujetamos al poder de un pequeño cabello?—."

"Entonces también el Uno Santo, bendito sea, se unirá a ellos diciendo lo que en Zacarías 8:6 está escrito:

Así dice el Señor de los ejércitos: Si esto parecerá maravilloso a los ojos del remanente de este pueblo en aquellos días, ¿deberá también ser maravilloso delante de mis ojos?

Dice rabbi Assi: "En un principio el ángel malvado parecerá insignificante como un delgado —hilo—, pero después se verá grueso como una —coyunda de carreta—, tal como Zacarías 5:18 dice:

¡Ay de los que traen la iniquidad con hilos de vanidad, y el pecado como con coyundas de carreta.

Los rabinos enseñaron: "El Uno Santo, bendito sea, dirá al Mesías ben David, a quien esperamos que regrese en el futuro cercano lo que en el Salmo 2:7-8 dice:

Yo publicaré el decreto: Mi Hijo eres tú; Pídeme, y te daré.

"Como el Mesías ben David habrá visto que el Mesías ben Yoséf, quien le precedió, murió, dirá delante del Señor de los Ejércitos: —Señor del Universo, Creador mío, no te pediré sino vida—."

"Entonces le responderá el Señor: —Esto fue profetizado para ti por tu padre David cuando en el Salmo 21:5 dijo:

Vida te demandó, y le diste largura de días eternamente y para siempre.

(TS, Capítulo V, Mishná II)

COMENTARIO

Es increíble que dentro del texto talmúdico algunos rabinos reconozca a Yeshúa como el Mashíaj ben Yoséf, porque le da veracidad al personaje histórico que confesamos los seguidores del Camino de la Resurrección.

Esta postura no es aceptada por otros, y es que algunos rabinos plantean que existen dos Mesías, uno ben Yoséf, el que murió crucificado, pero que resucitará hasta el día del Juicio, y el otro ben David, quien vendrá a juzgar al mundo en el final de los días.

La postura de los seguidores del Camino de la Salvación dicta que el Mashíaj ben Yoséf es el mismo Mashíaj ben David, como Marcos 10:47 lo describe: "*Cuando oyó que se trataba de Yeshúa HaNotzrí, es decir, de Yeshúa ben Yoséf, comenzó a gritar y a decir: Yeshúa ben David.*"

Yeshúa HaMashíaj, ben Yoséf y ben David, vino a darnos el mensaje de salvación, murió, resucitó y subió a los cielos, pero como Hechos 1:11 dice: "*así regresará como le habéis visto ascender al cielo.*"

Algunas congregaciones mesiánicas le llaman Mashíaj ben Yoséf a quien dio la vida por nosotros derramando su sangre en la cruz, y Mashíaj ben David al que vendrá a juzgar a vivos y muertos: es el mismo Mashíaj, pero con un nombre diferente que refleja su diferente personalidad en cada momento: como siervo humilde el Mashíaj ben Yoséf, pero como león rugiente el Mashíaj ben David.

Sea cual sea la vertiente de pensamiento, lo cierto es que Yeshúa MiNatzrat Mélej HaYehudim, El Salvador de Nazareth, Rey de los Judíos, vendrá por nosotros en el futuro cercano.

Debemos detenernos a reflexionar si somos salvos o si nos espera el mismo juicio que al ángel malvado.

La salvación, recordemos, la recibimos cuando confesamos que Yeshúa es el Mashíaj y cuando creemos que su sangre nos ha limpiado de todo pecado.

MALAQUÍAS

Y hollaréis a los malos, los cuales serán ceniza bajo las plantas de vuestros pies. (Malaquías 4:3)

Los rabinos enseñaron: "Los transgresores que pecan con sus cuerpos, sean o no judíos de nacimiento, descenderán a la *Gehena*. Allí serán juzgados por doce meses; después de ese tiempo sus cuerpos serán destruidos y quemados, y el viento esparcirá sus cenizas —bajo de las plantas de los pies— de los justos, tal y como dice el citado versículo de Malaquías."

"Pero para los *minim*, para los apóstatas, para los informantes de los romanos y para los incrédulos que niegan la Toráh o la Resurrección, o para quienes dejan su congregación, o para quienes a sus condiscípulos llenan de terrores, o para quienes hacen que otros pequen, como hizo Jeroboam hijo de Nebat con sus seguidores, todos descenderán a la Gehena y allí serán juzgados de generación en generación como Isaías 66:24 dice:

Y saldrán, y verán los cadáveres de los hombres que se rebelaron contra mí; porque su gusano nunca morirá, ni su fuego se apagará.

"Y aunque la *Gehena* fuera destruida, ellos no serían consumidos, como el Salmo 49:15 dice:

Y su buen parecer se consumirá en el sepulcro de su morada.

"Los *sagues* concuerdan en que el versículo quiere decir que su forma perdurará a pesar de que el sepulcro no perdure."

Concerniente a estos transgresores, Hannah cita lo que en 1 Samuel 2:10 dice:

Delante de Adonai serán quebrantados sus adversarios.

Rabbi Yitzhak ben Abhin dijo: "Sus rostros se hacen negros como los lados de una caldera."

Rabba remarca: "Los que ahora sirven a la gente de Mehuzza, serán llamados hijos de la Gehena."

Pregunta Rabh: "¿Quiénes son los judíos que transgreden con sus cuerpos? Aquellos que no utilizan las filacterias colocándolas en el hueso frontal, sino que las colocan en otras partes."

"¿Y quiénes son lo no judíos que transgreden con sus cuerpos? Aquellos que caen en el pecado de adulterio."

"¿Y quiénes son aquellos que inspiran terror a sus condiscípulos? El líder de la comunidad que hace que la gente le tema demasiado sin que haya algún propósito para hacerlo."

Rabbi Yehuda dice en el nombre de Rabh: "Ese tipo de líderes nunca tendrá un hijo estudiado, por lo que Job 37:24 dice:

Lo temerán por tanto los hombres: Él no estima a ninguno que se cree ser sabio de corazón.

"Debemos más bien entender el versículo como: —Nunca verá en su familia ningún sabio de corazón—."

(TR, Capítulo I, Mishná II)

COMENTARIO

El castigo por la apostasía es mucho más duro que aquel por la transgresión. Hebreos 10:26-27 dice: *"Porque si continuamos transgrediendo la Toráh intencionalmente, después de recibir el conocimiento de la verdad, ya no queda más sacrificio por el pecado, sino una horrenda expectación de juicio y ardor de fuego."* Y es que la apostasía es una especie de traición a HaBoré HaNeemán, al Creador Fiel, y más aún: es traicionarnos a nosotros mismos y condenarnos a la perdición eterna.

Ahora bien, si por una parte se nos ofrece vida eterna cuando perseveramos en el Camino de la Resurrección, también el castigo implica una tortura eterna.

En Marcos 9:44-48 Yeshúa HaMashíaj menciona el castigo al que transgrede con su cuerpo: *"su gusano no muere y su fuego nunca se apaga."*

La muerte no es el final del camino, sino un estado larvario donde el individuo no resucita para vida eterna, pero se mantiene en una especie de vida donde experimenta el castigo, que también es eterno.

Esta visión aterradora del Infierno tiene como finalidad hacernos recapacitar en lo que realmente tiene importancia a largo plazo: nuestra salvación, y el cuidado que debemos poner para no extraviar nuestro camino, traicionando al Eterno y traicionándonos a nosotros mismos.

II
INTERPRETACIONES TALMÚDICAS DEL NUEVO TESTAMENTO

MATEO

Y a ti daré las llaves del Reino de los Cielos y cualquiera cosa que prohibas en la tierra, será prohibido en el cielo y cualquier cosa que permitas en la tierra, será permitida en el cielo. (Mateo 16:19)

Los rabinos enseñaron: "De los estatutos para Israel inferimos que la Corte Celestial de Juicio no entra en labores hasta que el Beit Din, los Jueces en la tierra, no proclaman la Nueva Luna." (TR, Capítulo I, Mishná I)

COMENTARIO
El mundo espiritual es tan real como el mundo material en el que vivimos, y existe una correspondencia veraz entre ambos.

El HaRujót LeKol Basar, El Señor de los Espíritus de Toda Carne muestra en este Atributo la dualidad del ser humano: carne y espíritu, de donde debemos entender la correlación tan estrecha entre lo espiritual y lo terrenal.

Lo material es un reflejo de lo espiritual, tal como 2 Corintios 3:18 dice: *"nosotros todos, mirando con el rostro sin cubrir el resplandor de YHVH, como si fuese ante un espejo."*

Lo que hacemos en nuestra vida diaria, como cantar, enojarnos, comer o caminar impactará de alguna manera el mundo espiritual. Lo mismo sucede de manera inversa: nuestras oraciones, ayunos, asistencia a de manera regular a la congregación, que impactan lo espiritual, se reflejarán en lo material.

Las repercusiones espirituales que tienen todos y cada uno de nuestros actos, sea que impacten de manera positiva en el mundo espiritual, o que recibamos un pago justo debido a nuestros desvaríos.

MARCOS

Y estuvo allí en el desierto cuarenta días, siendo tentado por Satanás; y estaba con las fieras; y los ángeles le servían. (Marcos 1:13)

Los rabinos enseñaron: "El ángel malvado se esconde en el corazón del hombre y lo lleva a lugares desérticos, donde no vive ningún hombre, porque piensa: —Lo llevaré a lugares estériles y desolados para poder tentarlo—."

"El ángel malvado dijo: —Avanzaré hacia el mar del Este—, haciendo referencia al Primer Templo que destruyó, cuando mató a los estudiantes de la Toráh que había ahí."

"El ángel malvado dijo: "—Regresaré nuevamente al mar del Este—, haciendo referencia al Templo de Herodes que destruyó, matando a los estudiantes de la Toráh que había ahí."

"El ángel malvado dijo: "—Y su hedor ascenderá, y un sabor enfermo subirá, porque he hecho grandes cosas—, y es que dejando a las otras naciones porque ya viven en el pecado, regresa a tentar solamente a los israelitas."

(TS, Capítulo V, Mishná II)

COMENTARIO

En la mencionada historia de Marcos 1:12-13 Yeshúa HaMashíaj es impulsado al desierto por el Rúaj HaKódesh, por el Espíritu Santo, con la finalidad de encontrarse enfrentar a HaSatán, al Acusador. Cuando pasa la prueba de las tentaciones, regresa victorioso a continuar con su ministerio.

No necesitamos ir al desierto a encontrarnos con la tentación, sino que en nuestro diario vivir, cuando nuestro cónyuge no ha regresado a casa, o cuando estamos solos de viaje, o cuando por alguna situación de la vida, nos hallamos en soledad, es cuando más riesgo corremos de caer en la tentación del pecado.

Santiago 4:7 dice que *"nos sometamos al Señor, que luchemos contra el Acusador, y que éste huirá de nosotros."* Sólo así, luchando activamente con oración y leyendo las Sagradas Escrituras, podremos llenarnos del poder de Debar HaElohim, de la Palabra de Adonai.

Debemos ser muy cautos, porque los seguidores del Camino de la Vida estamos siempre más expuestos a ser atacados por el maligno, que busca nuestra destrucción.

Y Yeshúa les dijo: ¿Pueden acaso ayunar los acompañantes del novio entre tanto que el novio está con ellos? (Marcos 2:19)

Dice una *Boraitha*: "El novio, sus acompañantes y todos los que participan en la ceremonia de bodas, están exentos de la *Sukká* todos los siete días."

Los rabinos enseñaron: "El novio, sus acompañantes y todos los que participan en la ceremonia de bodas, están exentos incluso de orar y de usar las filacterias, pero deben leer el *Shema*." (TS, Capítulo II, Mishná VI)

COMENTARIO

A pesar de que haya un gran gozo en nuestras vidas, y de que se anulen deberes religiosos, nunca debemos olvidar el Shema, que hace referencia a Deuteronomio 6:4 que dice: "Oye, Israel, YHVH nuestro Adonai, YHVH Uno es."

Por más que nos sintamos en nubes de gracia por haber sido llamados a este Camino de Salvación, debemos tener siempre en cuenta a Hu Asher Kará Otanu, a Aquel que nos llamó.

Por otra parte, la anulación de deberes religiosos durante las celebraciones nupciales tiene desde luego tintes mesiánicos para los seguidores del Camino de la Resurrección.

BealYah, el Esposo que es Adonai, ha contraído nupcias con la Congregación, por eso envió al Mashíaj, que mientras estuvo en el mundo, como Efesios 5:25 dice: "amó a la Congregación como a una esposa," dándonos como 2 Corintios 5:5 dice: "las arras del Espíritu, la prenda de garantía."

LUCAS

Más ¡ay de vosotros los perushim que dais el diezmo por la menta y por la ruda y por todo tipo de hortaliza; pero habéis descuidado el juicio y el amor por HaShem. (ÉXODO 12:2)

Hemos aprendido en una Boraitha: "Si un accidente le ocurre al grano antes de *Pésaj*, de Pascua, se decreta que sucedió en el *Pésaj* anterior; pero si a ese mismo grano le sucede después de *Pésaj*, se decreta que sucedió en el *Pésaj* que acaba de ocurrir."

"Si una desgracia le sucede a una persona antes del *Yom Kippur*, se decreta que sucedió en el *Yom Kippur* anterior, pero si le sucede después del *Yom Kippur*, entonces se decreta que sucedió en el *Yom Kippur* que acaba de celebrarse."

Explica Rabha: "Aprendan de esto que el juicio le sucede dos veces a los hombres durante un año, antes de la siembra y antes de la cosecha."

Dice Abaye: "Así, cuando un hombre ve que el grano que acaba se sembrar no crece como debía, debe apurarse para cosechar ese grano, para que en el tiempo del siguiente juicio ya haya vuelto a sembrar otro nuevo."(TR, Capítulo I, Mishná II)

COMENTARIO
Cuando pasamos algún momento de tribulación durante

nuestra vida, lo que normalmente hacemos es deprimirnos, bañarnos en santidad preguntando qué hicimos para merecer tal o cual calamidad, y a veces hasta nos enojamos con el Eterno.

Apresurarnos a cortar lo que no creció bien es una forma de aceptar con agrado el castigo divino.

Más aún, apresurarnos a sembrar nuevamente es una forma de creer que no durará para siempre el escarmiento que nos ha enviado HaNotén Zera LeZoréa VeLéjem LaOjél, Quien da Semilla al Sembrador y Pan al que Come.

Recapacitemos en nuestros caminos para podernos dar cuenta del yerro en nuestras vidas, como 2 Tesalonicenses 1:4-5 dice que *"todas las persecuciones y tribulaciones que soportamos, son demostración evidente del justo juicio de HaShem."*

CORINTIOS

¿Fuiste llamado siendo esclavo? No te dé cuidado; pero también, si puedes hacerte libre, procúralo más. (1 Corintios 7:21)

Rabbi Ismael, el hijo de rabbi Yohanan bar Beroja dice: "Desde Año Nuevo hasta el *Yom Kippur*, los esclavos no tenían que regresar a casa de sus amos, ni tampoco servirles, sino que comían y bebían y se regocijaban con la corona de la libertad en su cabezas."

"Una vez que terminaba el *Yom Kippur*, el *Beit Din*, los Tribunales de Justicia, ordenaban que se tocara el *shofar*, la trompeta, y los esclavos regresaban a casa de sus amos y volvían a servirles." (TR, Capítulo I, Mishná I)

COMENTARIO

Èmile Durkheim (2003) explica detalladamente la necesidad en las culturas antiguas de dedicar ciertos días a romper cualquier regla o estatuto social. La finalidad de estos momentos era mantener la cohesión del grupo y el desfogue de sentimientos reprimidos durante todo el año, lo que permitía el buen funcionamiento de la sociedad.

El pueblo de Israel no es la excepción, ya que cuenta con la festividad del Purim, donde se rompen todos los tabúes, y con esta otra festividad talmúdica dedicada a los siervos y a los esclavos. La diferencia de días entre el Año Nuevo y el Día del Perdón es de aproximadamente una semana.

Nos enseña a ser más maleables en el momento de exigir a nuestro prójimo el cumplimiento cabal de cierta regla o estatuto, sabiendo que ZebadYah, Aquel que Otorga, permite que en ciertas ocasiones nos refugiemos en la gracia.

En términos espirituales, simboliza la libertad a la que hemos sido llamados en el Olám HaBáh, en el Mundo Venidero.

Así que mientras estemos en este planeta, no importa mucho nuestra condición, como Gálatas 3:28 dice: *"Por lo que ser judío o no judío, siervo o esclavo, varón o mujer no es lo más importante, pues ahora todos sois parte de uno, del Mashíaj,"* sabiendo que tenemos esperanza de una vida mucho mejor.

III

HECHOS
RABÍNICOS

LAS HISTORIAS RABÍNICAS

LA HISTORIA RABÍNICA

Los *boetusianos* quisieron una vez relevar a los *sagues*. Dieron 400 monedas de plata a dos hombres, 200 a cada uno, para que mintieran acerca de ellos.

Pero no sabían que uno de los hombres al que habían querido corromper era del grupo de los *sagues* y denunció el asunto ante el *Beith Din*, el Consejo.

Para probar que decía la verdad, el *Beith Din* le preguntó: "¿Cómo era la apariencia de la luna cuando sucedió esto?"

El hombre respondió: "Estaba en *Maalé Adumim* y la vi subiendo entre dos rocas: su cabeza era como un becerro, su carroza como una cabra, sus cuernos como los de un ciervo, y su cola se extendía a lo largo de su muslo, y cuando la vi se estremeció y se echó hacia atrás."

"Si no me creen, aquí tengo 200 monedas de plata que me dio para presentar cargos falsos en contra suya."

Preguntó el *Beith Din*: "¿Quién te indujo a semejante cosa?"

El respondió: "Me pareció escuchar que se trataba de los *boetusianos* que querían derrocar a los *sagues*, así que pensé en denunciar el asunto, no fuera a suceder que una persona mala aceptara el soborno y los pusiera en aprietos."

Los *sagues* le dijeron: "Las doscientas piezas de plata son para ti, como recompensa, y en cuando a la persona que te quiso sobornar, será llevada a juicio para recibir su castigo."

Desde entonces se ordenó que testimonios de esta

naturaleza fueran aceptados sólo por personas que se sabía eran de buen corazón. (TR, Capítulo II, Mishná I)

COMENTARIO

Es asombrosa la manera tan cautelosa en que se maneja el Beith Din, el Consejo: antes de atender un chisme, primero cotejan el corazón del individuo con una pregunta que parece un tanto extraña.

El hombre responde de una manera sarcástica, pues su descripción de la luna se asemeja más bien a la de un ser maligno. No obstante, la prueba más verídica la trae consigo mismo: las monedas que le dieron para servir como testigo falso.

Aún así, antes de difamar a una familia sacerdotal, como lo eran los boetusianos, toman la determinación de escuchar solamente a personas que tengan un buen testimonio de vida.

Que lección para nosotros, que a veces nos dejamos llevar por los chismes y por los comentarios negativos que escuchamos que se hacen de otras personas, sin tener la prudencia y la cautela suficientes para comprobar lo que muchas veces son solo palabras.

Gálatas 5:15 dice: *"Pero si os mordéis y os coméis los unos a los otros, mirad que no seáis consumidos mutuamente."*

Debemos evitar entonces hacer rencillas por chismes que si son cuestiones de palabras en nada nos perjudican, y si en algo podemos salir afectados, indagar con toda objetividad y templanza la situación, recordando ante todo que Hu Shlomenu, que el Señor es Nuestra Paz.

LA HISTORIA RABÍNICA

Rabbi Gamaliel le dijo a rabbi Yehoshúa: "Bienaventurada es la generación en la que los líderes escuchan a sus seguidores, y gracias a esto, los seguidores se toman más en serio poner atención a las enseñanzas de sus líderes." (TR, Capítulo II, Mishná V)

COMENTARIO

Estas enseñanzas son tan universales que pareciera que estamos leyendo un libro moderno sobre el éxito organizacional que plantean esquemas horizontales dentro de las empresas.

Juan 15:15 dice: *"Mas os he llamado amigos porque os di a conocer la Toráh oral que oí de mi Padre."* Por eso, en nada debe sorprendernos este tipo de posturas que en todo respaldan las enseñanzas de Yeshúa MiNatzrat, SheHayá Ish Nabi, del Salvador de Nazareth, que fue Varón Profeta.

Sigamos el ejemplo del Mashíaj, y establezcamos relaciones horizontales con la gente que nos rodea, abiertos siempre a escuchar lo que los otros tienen que decir.

LA HISTORIA RABÍNICA

Rabbi, rabbi Joshía, rabbi Yehuda, rabbi Shimeon, Rabban Gamaliel, la Escuela de Shammai, rabbi Eliezer y los maestros anónimos, todos dicen: "La *Sukká*, el tabernáculo, debe considerarse como una vivienda permanente."

Rashi explica: "Esto quiere decir que se podría convertir en una vivienda permanente."

Rabbi dice y rabbi Joshía está de acuerdo: "Tiene que ser mayor a cuatro ells."

Rabbi Yehuda declara: "Es válida una *Sukká* de más de veinte ells."

Dice Rabbi Shimeon: "Una *Sukká* requiere cuatro paredes."

Rabban Gamaliel declara: "Una *Sukká* construida en un vagón o en algo móvil no es válida."

Beith Shammai y la Escuela de Shammai declaran: "Si no tiene una mesa, aunque quepa un hombre, es inválida."

Rabbi Eliezer dice: "Una *Sukká* construida con la forma de una pirámide es inválida."

Los maestros anónimos dicen: "Una *Sukká* construida de manera circular es inválida."

(TS, Capítulo II, Mishná I)

COMENTARIO

Cuando pensaba en los tabernáculos en los que había habitado el pueblo de Israel, me imaginaba frágiles tiendas beduinas hechas de tela, como si fueran improvisadas tiendas de campaña.

La primera vez que vi una Sukká, un tabernáculo, fue en el barrio judío de Mea Sharim durante la celebración de la Fiesta Hebrea de Sukkót. Me decepcionó un poco ver pequeñas casitas rectangulares hechas de tablaroca, con una cama, mesa y sillas en su interior, porque ignorantemente, uno espera encontrar algo más folklórico.

Cuando leí el Talmud entendí la importancia de la permanencia de la Sukká: el pueblo de Israel estuvo cuarenta años en el desierto y en los lugares donde se establecieron durante su peregrinar, lo hicieron por varios años en casas bien establecidas hasta encontrar la tierra prometida.

Esto también nos una idea acerca de nuestra estancia en esta vida. Si bien es cierto que nuestra verdadera morada es en los cielos, mientras llegamos a nuestro destino celestial, debemos comportarnos de manera permanente en la tierra, es decir, estudiar, trabajar, luchar para salir adelante, confiando ante todo que seremos herederos de un mundo mejor como 2 Corintios 5:1 dice: "*Porque sabemos que cuando nuestra casa terrestre se derrumbe, tenemos un edificio de Adonai, una tabernáculo no hecho de manos, sino eterno, en los cielos.*"

Disfrutemos entonces de nuestra estancia sobre esta tierra, sabiendo que Makor Shel Yeshuát Olamim, que el Autor de Salvación Eterna, nos tiene reservada una morada celestial.

LA HISTORIA RABÍNICA

La Mishná se escribió de acuerdo a las opiniones individuales de los rabinos, como hemos aprendido en una *Boraitha* de *Ediot*.

Rabbi Dosa dice: "Los *hutzlahs* o tapetes se hacen inmundos cuando se pone el cuerpo de un difunto sobre ellos."

Los *sagues* argumentan: "Se puede hacer inmundo si se le ejerce presión al cuerpo."

Rabbi Shimeon bar Lakish explica: "Un *hutzlah* es un tapete ordinario."

Rabbi Dosa y los *sagues* están de acuerdo: "Los tapetes de la ciudad de Usha están sujetos a volverse inmundos, pero los de Tiberias no."

Difieren en cuanto a los tapetes de otros lugares. Rabbi Dosa dice: "Como nadie se sienta en ellos, son como los de Tiberias."

Los *sagues* opinan: "Los tapetes de otros lugares son como los tapetes de Usha, porque la gente se puede sentar en ellos."

Rabbi Shimeon bar Lakish dice: "Daría la vida por traer de la muerte a rabbi Hiya y a sus hijos, porque en los tiempos antiguos, cuando la Toráh se olvidó en Israel, Esdras vino de Babilonia y la volvió a establecer."

"Cuando después volvió a olvidarse, Hillel el babilonio vino de Babilonia y la restauró nuevamente."

"Cuando se volvió a olvidar, vinieron rabbi Hiya y sus hijos y la restauraron nuevamente."

(TS, Capítulo I, Mishná XIII)

COMENTARIO

El Nuevo Testamento se escribió con las opiniones de diferentes personas que compartieron un tiempo con Yeshúa HaMashíaj, sea de manera física, como Mateo, Marcos o Juan, o bien, de manera espiritual, como Lucas y el rabino

Pablo, todos autores de textos que plasmaron muchas veces opiniones diversas sobre sus experiencias.

Al rabino Shimeon bar Lakish le gustaría tener de vuelta al rabino Hiya y a sus hijos para que opinaran sobre la cuestión de los tapetes y tener así un dictamen certero sobre la cuestión.

Su anhelo es similar al de los seguidores del Camino de la Resurrección, que quisiéramos tener a Rabi HaTob, al Rabino Bueno, para que respondiera a todas nuestras dudas.

Debemos ser pacientes acerca de nuestras inquietudes acerca de la Biblia, confiando la promesa de 1 Timoteo 6:15 que dice: *"revelará en el tiempo profético oportuno su palabra."*

LA HISTORIA RABÍNICA

Epítropos, que era el encargado de la casa del rey Agripas, preguntó a rabbi Eliezer: "Por ejemplo yo, que como una sola comida cada veinticuatro horas, ¿puedo cumplir mi deber religioso en la *Sukká* haciendo lo mismo, es decir comiendo una sola comida?"

Rabbi Eliezer le respondió: "¿No haces todos los días platillos deliciosos para ti mismo? ¿Y no puedes añadir un platillo más para complacer a tu Creador?"

Epitropos volvió a preguntar: "Por ejemplo yo, que tengo dos esposas, una en Tiberias y otra en Ziporet, y tengo dos *Sukkót*, una en Tiberias y otra en Ziporet, ¿tengo que ir de una *Sukká* a otra para que cumpla el deber religioso?"

Le respondió: "No, porque quien va de una *Sukká* a otra, anula el deber religioso que ha hecho primero."

(TS, Capítulo II, Mishná VIII)

COMENTARIO
Ben HaAdám Adón Gam LeShabbath, El Hijo del Hombre

es Señor también del Shabbath.

A veces olvidamos que necesitamos dedicarle un día completo al Señor y somos excelsos en muchos aspectos de nuestras vidas, damos para el mundo con manos abiertas pero somos estrechos para las cosas religiosas, ofreciéndole las sobras al Mashíaj.

Ejemplos hay muchos: si nos invitan a una fiesta no nos importa desvelarnos, ¿pero qué tal una velada de oración en nuestras congregaciones? Inventamos miles de excusas para no asistir; Podemos leer la novela de moda o perder horas en la televisión, pero cuando se trata de leer la Biblia, no tenemos tiempo; Gastamos grandes cantidades de dinero en nuestras vanidades, pero cuando se nos piden nuestros diezmos y ofrendas, somos mezquinos y avarientos.

Las listas podrían extenderse por situaciones y excusas. La verdad es que debemos detenernos a pensar en el significado más profundo de las palabras del rabino Pablo cuando en Filipenses 1:21 dijo: *"Para mí el vivir es Mashíaj."*

LA HISTORIA RABÍNICA

Sucedió una vez que rabbi Eliezer tomó un descanso en la Sukká de Yohanan bar Ilai en la ciudad de Kisri, en la Alta Galilea, aunque de acuerdo a otros fue en Kisrión. Entonces el sol alcanzó la Sukká.

Preguntó el anfitrión a rabbi Eliezer: "¿Separaré algunas hojas del techo de la Sukká?"

Respondió: "No hubo una tribu en Israel donde un juez no descendiera."

Entonces el sol alcanzó la mitad de la Sukká. Yohanan volvió a preguntar: "¿Qué tal si separo algunas hojas del techo?"

Respondió: "No hubo una tribu en Israel a donde no descendiera un profeta, y las tribus de Judá y de Benjamín escogían a sus reyes por el mandato de los profetas."

Finalmente el sol alcanzó los pies de rabbi Eliezer, y Yohanan tomo unas hojas del techo y las separó.

Entonces rabbi Eliezer tomó sus vestidos, se los puso y dejó la Sukká.

Esto no lo hizo porque no le quisiera enseñar la ley, sino porque rabbi Eliezer nunca decidía ninguna cosa que no hubiera escuchado de su maestro.

Preguntaron los discípulos de los rabinos: "¿Pero cómo pudo rabbi Eliezer hacer esto? ¿No enseñaba que un hombre no debe salir de la *Sukká* e irse a otra?"

Los rabinos respondieron: "No era la Fiesta de *Sukkót*, la Fiesta de los Tabernáculos, sino que se trataba de otro festival, y se sentaron en la *Sukká* solamente para refrescarse."

Volvieron a preguntar: "¿Pero no fue rabbi Eliezer el que declaró que alababa a los *slugards* que no dejaban sus casas en los festivales?"

Los rabinos respondieron: "No era un festival, sino un *Shabbath* ordinario."

(TS, Capítulo II, Mishná VIII)

COMENTARIO

A veces estamos demasiado ocupados con asuntos tan triviales en nuestras vidas, que olvidamos lo principal: sentarnos a escuchar la voz de ArmarYaHu, de Aquel que nos Habla.

Nos recuerda la historia de Lucas 10:38-42, donde Yeshúa HaMashíaj entra en la casa de dos hermanas, una de ellas, Miriam, se sienta a sus pies a escuchar sus palabras, mientras que la otra, Martha, se preocupa de que el Maestro se sienta a gusto. En el versículo 41 el Rabí la reconviene diciendo: "*Martha, Martha, afanada y turbada estás por muchas cosas.*"

Algo similar sucede con la historia talmúdica en la que el rabino Eliezer intenta primero decirle a Yohanan que le trae una palabra de justicia a su vida. Al verle distraído intentando ventilar la Sukká le dice que le trae una palabra profética. El rabino Eliezer se da por vencido cuando Yohanan finalmente acomoda las palmas del techo para que haya más ventilación en el lugar.

Una sola cosa es necesaria: dejar de preocuparnos tanto por lo que nos rodea y poner más atención en escuchar la voz del Eterno, sobre todo cuando asistimos a nuestras congregaciones y nos distraemos durante la alabanza y la predicación porque el niño se levantó, porque hace mucho calor o mucho frío, porque de pronto sonó el celular y por mil cosas más que no nos permiten prestar atención cuarenta y cinco minutos.

LA HISTORIA RABÍNICA

Los rabinos enseñaron: "Sucedió que rabbi Eliezer se tomó un descanso en la Alta Galilea, y le preguntaron acerca de treinta *Halajót* sobre las leyes de la *Sukká.*"

"A doce de las *Halajót* respondió, según escuchamos, y a dieciocho no respondió, pero no las escuchamos."

Rabbi Yoséf bar Yehuda dice: "Por el contrario, a dieciocho respondió, y a doce no respondió, pero a ninguna escuché."

Entonces los rabinos le preguntaron a rabbi Yoséf bar Yehuda: "¿Tomas tus decisiones con base en lo que has escuchado?"

Respondió: "Ustedes quieren que yo responda algo que no he escuchado de mis maestros."

"Nunca en mi vida llegó un hombre antes que yo a la Casa de Estudio, y jamás me quedé dormido durante una enseñanza."

"Nunca dejé a un hombre en la Casa de Estudio cuando salía de ella, nunca hablé de política y nunca he decidido nada que no haya escuchado de mis maestros."

(TS, Capítulo II, Mishná VIII)

COMENTARIO

Habituados a dar consejos que salen de nuestro corazón, de lo que aprendimos con los amigos, en los libros o incluso en nuestras escuelas seculares, no entendemos que son consejos sin una profundidad y sin un sentido real para nuestras vidas.

Nuestra guía para tomar una decisión, para dar una palabra, en fin, para discernir una moral aceptable, no debe estar basada en el mundo y en sus parámetros alejados de la vida espiritual, sino que debe siempre ser la Biblia.

Vivimos en un mundo donde el pensamiento relativista se ha apoderado del corazón y de la mente de los seguidores del Camino de la Salvación, extraviando los valores y la moral.

Pero nos sucede lo mismo que Hebreos 5:12 dice: *"Pero aún tenéis necesidad de que alguien os enseñe otra vez las cosas básicas de la Toráh."*

Recordemos que Yeshúa Hayá Ianu LeJójma, que el Salvador nos ha sido por Sabiduría.

De modo que cuando nos pidan un consejo, del que no tenemos respuesta inmediata, mejor callemos, investiguemos concienzudamente en las Escrituras, y hasta que tengamos una base escritural, entonces ministremos.

LA HISTORIA RABÍNICA

Los rabinos enseñaron lo que se decía de rabbi Yohanan ben Zakai: "Nunca en su vida habló de asuntos mundanos."

"Nunca caminó más de cuatro *ells* sin estudiar la Toráh. Nunca estudió la Toráh sin utilizar el *tefilin*."

"Nunca nadie se le anticipó para llegar a la Casa de Aprendizaje y jamás cabeceó durante las enseñanzas."

"Nunca enseñó la Toráh en aulas sucias."

"Jamás dejó a alguien en la Casa de Aprendizaje cuando se retiraba."

"Nuca se lo encontró estudiando en silencio, sino que

siempre lo hacía en voz alta."

"Nadie nunca le abrió la puerta a uno de sus discípulos, sino que él siempre lo hacía."

"Nunca enseñó nada que no hubiera escuchado antes de su maestro."

"Jamás dijo que era tiempo de irse de la Casa de Aprendizaje, excepto en las tardes de Pascua y en las tardes de *Yom Kippur*."

Su discípulo rabbi Eliezer se conducía también de manera similar. (TS, Capítulo II, Mishná VIII)

COMENTARIO

El ejemplo de vida es la mejor enseñanza.

Quizás lo más difícil es llevar una vida acorde con las enseñanzas de Nebi El Elión, del Profeta del Altísimo, como 1 Pedro 2:12 dice sobre la gente que nos observa, que *"al tener frente a sus ojos nuestras buenas obras, glorifiquen a Adonai en el día de la visitación."*

Hagamos entonces obra evangelística, no con palabras, sino con el testimonio de nuestras vidas.

LA HISTORIA RABÍNICA

Los rabinos enseñaron: "Cuando termina la fiesta de *Sukkót*, los niños tiran sus *Lulab* y se comen sus limas."

"Un hombre no le puede prometer algo a un niño y no cumplirlo, porque el niño aprenderá a decir mentiras."

(TS, Capítulo IV, Mishná II)

COMENTARIO

Solamente durante la Fiesta Religiosa conservan su valor simbólico los objetos que se utilizan, evitando de esta manera cualquier sesgo idolátrico o superchero hacia el objeto en cuestión.

El judaísmo fue la primera religión claramente monoteísta. En la actualidad sus fieles ponen su mirada en HaMeboraj. HaRibón, HaYajid, Mélej HaMelajim VaAdón HaAdoniím, Lo Lebadó HaAlmanut, en el Bendito, Soberano, el Único, Rey de Reyes y Señor de Señores, a Él Solo el Imperio.

En la exhortación a cumplir nuestras promesas, entendemos una lógica tan sencilla pero tan verdadera, dejando en nosotros mismos la responsabilidad cuando nuestros hijos son mentirosos: quizás somos padres que no cumplimos nuestras promesas. Santiago 5:12 dice: "que vuestro sí sea sí y vuestro no, sea no; para que no caigáis bajo juicio."

LA HISTORIA RABÍNICA

Hemos aprendido en una Boraitha: "Se decía que Rabban Shimeon ben Gamaliel, cuando se regocijaba en la Fiesta de Sukkót durante el derramamiento de las aguas, tomaba ocho antorchas en sus manos y las lanzaba al aire, luego las cachaba una por una sin que ninguna se estorbara."

"Cuando se postraba, acomodaba sus pulgares en el suelo y hacía reverencia, luego besaba el piso y se levantaba de golpe de tal forma que ninguna criatura puede hacer algo semejante. A esta práctica se le llamó *Quidá*."

"Levi trató de hacer la *Quidá* enfrente de Rabhi, pero se lastimó severamente una pierna. Levi también trató de arrojar y cachar ocho cuchillos delante de Rabhi."

"Samuel intentó hacer lo mismo con ocho globos llenos de agua en la presencia del rey Shabur."

"Abaye también quizo hacerlo con ocho huevos delante de Rabha, aunque de acuerdo a otros, lo intentó solamente con cuatro huevos."

Hemos aprendido en la *Boraitha* de rabbi Yoshua bar rabbi

Hanania: "Cuando nos estamos regocijando durante el Derramiento de las Aguas, nuestros ojos no ven el sueño."

"Y es que en la primera hora de la mañana hacemos el sacrificio diario, luego nuestras oraciones, y de ahí seguimos con el sacrificio adicional, y después la oración adicional; luego vamos a la Casa de Aprendizaje; de ahí a comer y a beber en casa. Luego de la comida hacemos la oración *Minha*, y después de la oración de *Minha* al sacrificio diario de la tarde, y desde aquella hora nos regocijamos con el vaciado del agua hasta la mañana. Siempre es así durante el *Sukkót*."

Rabbi Yohanan dijo: "Si alguien dice: —Juro que no dormiré en tres días—, debe ser castigado con azotes por levantar juramentos falsos, ¿y se irá a dormir después del castigo?"

Lo que rabbi Yohanan quería decir era que no dormían porque descansaban en las espaldas de los otros.

(TS, Capítulo V, Mishná II)

COMENTARIO

La diferencia de hacer las cosas para agradar a Adonai Osenu, al Señor Nuestro Hacedor y hacer las cosas para impresionar a los demás, es lo que marca la *Quidá* de Rabban y las imitaciones de los otros rabinos.

Es muy común que este tipo de situaciones se den en nuestras congregaciones, sobre todo con los integrantes del grupo de alabanza, que pierden el sentido de la adoración al Eterno, y la cambian por un espectáculo que impresione al espectador.

Sigamos el ejemplo que Romanos 15:3 da cuando dice que *"ni aun Mashíaj se agradó a sí mismo."*

El Talmud también nos enseña a no ser tan estrictos con nosotros mismos cuando se trata de celebraciones importantes donde los esquemas ordinarios se rompen.

No seamos tan acartonados: Si un día nos tenemos que desvelar, hagámoslo con gozo, ya tendremos tiempo de dormir; Si un día tenemos que salir sin ducharnos, ya nos ducharemos después.

Si aplicamos esta enseñanza en ser más dóciles para romper nuestras monotonías diarias, gozaremos de nuestras vidas con una mayor plenitud.

LA HISTORIA RABÍNICA

Los rabinos enseñaron: "Quien no ha presenciado el regocijo del Derramamiento del Agua durante la Fiesta de *Sukkót*, nunca ha experimentado gozo real en toda su vida."

"Cuando terminaba la Fiesta, los sacerdotes iban al atrio de las Mujeres en el Templo de Jerusalén y lo transformaban."

"Ponían candelabros de oro con cuatro cuencas de oro en la parte superior de cada uno; luego colocaban cuatro rampas para cada candelabro, donde se colocaban cuatro pabellones donde se paraban los más jóvenes de los sacerdotes, sosteniendo sus jarras que contenían ciento veinte litros de aceite, y con ellas llenaban las cuencas."

"Dice una *Boraitha* que el peso de cada candelabro era de cincuenta ells."

"Luego los sacerdotes rompían sus pantalones en tiras para hacer las mechas de las antorchas, y las encendían. No había en Jerusalén un lugar que no se iluminara por las luces del Agua que se Derramaba."

"Dice una *Boraitha* que una mujer en la noche podía segar el trigo debido al resplandor de las luces."

"Los hombres píos y los distinguidos danzaban delante de la gente con sus antorchas encendidas; los levitas los acompañaban con arpas, salterios, címbalos y un sinnúmero más de instrumentos musicales."

"Los levitas se paraban a cantar con sus instrumentos musicales en los quince escalones que llevaban al atrio de las mujeres, correspondientes a las quince alabanzas que se cantaban."

"En la puerta que lleva del atrio de los israelitas al atrio de las mujeres se paraban dos sacerdotes sosteniendo en sus manos *shofarót*, es decir, las trompetas. Cuando cantaba el gallo por primera vez, las hacían sonar con una nota corta, una larga y una corta otra vez. Esto lo repetían hasta alcanzar el décimo escalón y nuevamente hasta llegar al atrio de las mujeres. Y así continuaban tocando sus *shofarót* hasta que llegaban a la puerta que llevaba hacia el Este."

"Cuando llegaban a la puerta del Este, volvían sus rostros hacia el Templo y decían: —Nuestros ancestros, que vivieron en este lugar, volvieron sus rostros de este Templo y miraron hacia el Este para adorar al sol. Pero nosotros levantamos nuestros ojos al Señor—."

Rabbi Yehuda dice: "Finalmente repetían: —Nosotros pertenecemos a Adonai y solamente levantamos nuestros ojos a Adonai—." (TS, Capítulo V, Mishná II)

COMENTARIO

Tenemos una descripción de primera mano de cómo se celebraba el final de la Fiesta de Sukkót en tiempos rabínicos, lo que nos sirve para contextualizar el ambiente festivo, más que litúrgico, de la celebreación.

A la Fiesta de Sukkót o de los Tabernáculos también se le conoce como Fiesta de las Aguas, porque se hacía el sacrificio anual de agua sobre el altar, también conocido como Nisuj HaMaim (נסך המים), que consistía en volcar un jarrón de agua sobre el altar cada día. Quizás se trataba de un rito propiciatorio para la temporada de lluvias.

En un plano más espiritual, debemos entender el doble significado de Sukkót: Se recuerda la dolorosa estancia en el desierto que vivió el pueblo de Israel durante cuarenta años después de que salieron de Egipto.

Pero también se está celebrando la entrada a la Tierra

Prometida, y la lluvia que hará crecer las cosechas.

La Fiesta de Sukkót para nosotros tiene un significado similar, sobre todo para no perder la esperanza cuando estamos atravesando períodos difíciles en nuestras vidas, como 2 Corintios 4:17 dice: *"Porque esta leve tribulación momentánea produce en nosotros un eterno peso de gloria."* Debemos recordar ante todo, que cuando en nuestras vidas estemos atravesando por ese sequedal desértico, Mekor Maim Jaím Et Adonai, Adonai es Manantial de Aguas Vivas.

BIBLIOGRAFÍA

Ayala Serrano, Lauro Eduardo.
(2007). *Los Nombres de Dios*. México: Editorial AMI.
(2010). *Tomo I: Tratado de Shabbath. La Sabiduría Rabínica a la Luz de las Enseñanzas de Yeshúa HaMashíaj, Yeshúa HaMashíaj el Cristo*. México: Editorial AMI.
(2011). *Tomo II: Tratado de Eruvin. La Sabiduría Rabínica a la Luz de las Enseñanzas de Yeshúa HaMashíaj, Yeshúa HaMashíaj el Cristo*. México: Editorial AMI.
(2012).
Enero. *Tomo III: Tratado de Pesajim. La Sabiduría Rabínica a la Luz de las Enseñanzas de Yeshúa HaMashíaj, Yeshúa HaMashíaj el Cristo*. México: Editorial AMI.
Agosto. *Tomo IV: Tratado de Yoma & Shekalim. La Sabiduría Rabínica a la Luz de las Enseñanzas de Yeshúa HaMashíaj, Yeshúa HaMashíaj el Cristo*. México: Editorial AMI.
(2013). *Tomo V: Tratado de Rosh HaShaná. La Sabiduría Rabínica a la Luz de las Enseñanzas de Yeshúa HaMashíaj, Yeshúa HaMashíaj el Cristo*. México: Editorial AMI.
(2014). *Siddur HaMaljut. Oraciones Diarias del Reino*. Editorial AMI.

Beckwith, R.T. **(1988)**. *Formation of the Hebrew Bible*. Assen, Philadelphia: Editorial MJ Malder.

Ben Avraham, Dan. **(2010)**. *El Código Real. Versión Hebraica del Nuevo Testamento. "Comentario Hebraico de Meir (Marcos)*. México: Editorial AMI.

Bronislaw, Malinowsky **(1957)**. *La Economia de un Sistema de Mercados en Mexico. Un Ensayo de Etnografia Contemporanea y Cambio Social en un Valle Mexicano*. México. Editado por la Escuela Nacional de Anropología e Historia.

Charlesworth, James. (**1983**). *The Old Testament Pseudepigrapha. Volúmenes I y II*. USA: Editorial Doubleday.

Douglas, Mary. (**2003**). *Purity and Danger. An Analysis of Concept of Pollution and Taboo*. New York: Editorial Routledge & Kegan Paul.

Durkheim, Èmile. (**2003**). *Las Formas Elementales de la Vida Religiosa*. México. Alianza Editorial.

Eliade, Mircea.
(**1964**). *Shamanism: Archaich Techniques of Ecstasy*. London.
(**1996**). *Tratado de Historia de las Religiones*. México: Editorial Era.

Frazer, James. (**1994**). *El Folklore en el Antiguo Testamento*. México: Editorial FCE.

Gontard, Friedrich. (**1961**). *Historia de los Papas. Volúmenes I y II*. Argentina: Editorial Compañía General Fabril.

Harris, Marvin. (**1997**). *Vacas, Cerdos, Guerras y Brujas. Los Enigmas de la Cultura*. Madrid: Alianza Editorial.

Hinn, Benny. (**1997**). *Buenos Días Espíritu Santo*. USA: Editorial: Thomas Nelson Publishers.

Maier, Christl M. (**2008**). *Jeremiah as Teacher of Toráh en Interpretation (Richmond, Va.) 62 no1 22-32 Ja*.

Malinowsky, Bronislaw. (**2002**). *Argonauts of the Western Pacific. An Account of Native Enteprise and Adventure in the Archipielagoes of Melanesian New Guinea*. UK. Editorial: Routledge.

Martínez, Franciso. (**2008**). *Si se Humillare mi Pueblo e Invocare mi Nombre. El Nombre Memorial, Evidencias y*

Conclusiones. USA: Editado por la Comunidad Judía Nazarena Derej ha Shem.

Morin, Edgar. (**2006**). *El Método 6.* Ética. Madrid: Editorial Cátedra Teorema.

Reina Valera 1960. (1998). USA: Editorial Sociedades Bíblicas Unidas.

Petuchowsky, Jakob. (**2003**). *El Gran Libro de la Sabiduría Rabínica.* España: Editorial Sal Térrea.

Evans-Pritchard, Edward. (**1969**). *The Nuer. A description of the modes of livelihood and political institutions of a Nilotic people.* New York. Editorial Oxford University Press.

Rodkinson, Michael L., (**2011**). The *Babylonian Talmud* en: http://www.sacred-texts.com/jud/talmud.htm

Santos, Aurelio de. (**2003**). *Los Evangelios Apócrifos.* Madrid: Editorial Biblioteca de Autores Cristianos.

Stone, Michael E., (**1984**). *Jewish Writings of the Second Temple Period.* Philadelphia: Fortress Press.

Wagner, Roy. (**1972**). *Habu, the Innovation of Meaning in Daribi Religion.* USA: The University of Chicago Press.

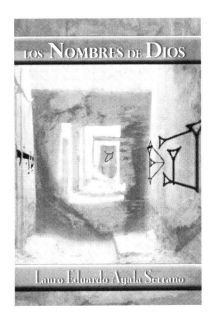

Los Nombres de Dios es una compilación de más de mil Nombres Sagrados del Señor que aparecen en la Biblia, desde Génesis hasta Apocalipsis.

Su traducción más correcta del hebreo al español y su transliteración adaptada para un público de habla hispana.

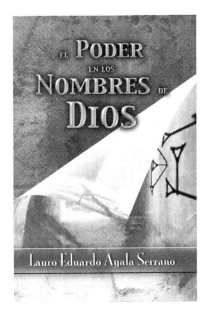

El Poder en los Nombres de Dios es una obra corregida y aumentada que nos llevará Nombre por Nombre y Atributo por Atributo para utilizar de manera concreta y práctica más de setecientos Nombres del Eterno.

La serie de libros acerca del Talmud muestran interpretaciones rabínicas de tiempos del Mashíaj, todas explicadas para entender con una mayor profundidad los textos del Nuevo Testamento.

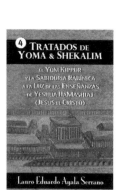

Las Interpretaciones Bíblicas Sefaradíes son las interpretaciones de los rabinos que habitaron España entre los siglos XII al XVI, explicadas en el contexto del Nuevo Testamento.

Se trata de una literatura única en su género que busca vincular al hombre con el Eterno.

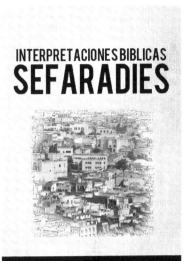

El Siddur del Reino es un libro que retoma las oraciones diarias del judaísmo, pero introduciendo textos del Nuevo Testamento.

De este modo, tenemos un libro para poder realizar un devocional diario y mejorar nuestra relación con el Eterno.

38154593R00087

Made in the USA
Middletown, DE
13 December 2016